データの罠

世論はこうしてつくられる

田村 秀

Tamura Shigeru

a pilot of wisdom

目次

序　章　巷に氾濫する危ういデータ――8
第一章　世論調査はセロンの鏡か？――13
やむを得ないは止むを得ない？　14
多ければいいのか？　20
無作為の作為　26
調査もいろいろ……　32
インターネット調査はあてになるのか？　37
テレゴングは世論調査に非ず　45
調査会社は大丈夫か？　50
見出しの真相　55
第二章　調査をチョーサする――61
餃子日本一は本当か？　62

視聴率の罠　73
出口調査の怪？　78
都道府県ランキングを検証する　82
都市ランキングは？　90
国別ランキングはあてになるのか？　96
経済効果の罠　101
企業の調査は大丈夫か？　107

第三章　偽装されたデータ？――113

平均信仰の罠　114
日本人の英語力はそんなに低いのか？　119
本当の実力は？　127
在日米軍の事件・事故は少ないのか？　133
一〇〇歳以上の高齢者はいったい何人いるのか？　137

税理士はそんなに儲かるのか？ 142
外国人に関するデータから 146

第四章 「官から民へ」を検証する 153

中央省庁はスリムになったのか？ 154
地方公務員の給与はそんなに高いのか？ 158
公務員はそんなに多いのか？ 163
日本のインフラ整備はそんなに遅れているのか？ 167
都市は地方に搾取されているのか？ 173
士《サムライ》とコンプライアンス 178
耐震偽装から学ぶべきこと 183
民営化の光と影 188

終 章 データの罠を見抜くためには 195

あとがき――200
参考資料――204

図版製作　（株）テラエンジン

序章　巷に氾濫する危ういデータ

巷《ちまた》にデータが溢《あふ》れている。テレビや新聞、雑誌には各種のデータが次々に発表される。私たちがなんらかのデータに触れない日はまずないといってもよいだろう。

「小泉首相の支持率が45％にダウン」
「小選挙区では自民党が54％、民主党が33％」
「六五歳以上が五人に一人、先進国の最高水準」
「消費税上げに56％容認」
「紅白の視聴率、初の50％割れ」
「がんの三割はたばこが原因」

「競争力の要、厳しい評点、ＩＴ活用度日本二〇位」
「自治体向け財政投融資、島根、東京の五倍」
「ＴＯＥＦＬのスコア、アジアで最下位」
「地方公務員平均給与、民間を14％上回る」
「一人当たりの事件発生率では、在沖縄米軍の方が沖縄県民より低くなっている」
「ＮＴＴ・ＪＲ・ＪＴなど民営化で国の収入三一兆円」
「ワールドカップの経済波及効果は三兆三〇〇〇億円に」

これらのデータを参考にして、自分の考え方を変える人も、こんなのはあてにならないと無視を決め込む人も、さまざまなデータが公表されることによって影響を受けていることだけは間違いない。

また、数値データは客観的なものであると思いがちだが、実際には、客観性を装ういかがわしいデータが数多く跋扈《ばっこ》している。都合のいいデータを使い、自分の考えや特定の政策へ導こうとしているものが少なからず存在するのである。

「世論調査」という言葉を聞けば、誰もが世間一般の平均的な声を集約したものと考えがちだが、対象者に偏りがあって、とても一般的な声とは言い難いにもかかわらず、一定の方向に導くために世論の声とカモフラージュされているものさえある。回答者の数が多ければ客観性が増す、と勘違いして行われている調査も残念ながら少なくない。

都市間比較や国際比較のように、複数の対象を比べて優劣を競うデータが世間を賑《にぎ》わしているが、なかには比較の方法が不適切で、本来同じ土俵で比べてはいけないものが扱われている場合もある。調査の手法や対象を一切示さないで、結論を誘導するためだけにデータを利用しているケースすらあるのが実態である。

このようなデータが巷に氾濫することで、世論はあらぬ方向に進んでしまいかねない。私は行政や地方自治を研究する者であるが、この分野でも、客観性に乏しいデータによって、一定の世論を形成しようとする動きが少なからずみられる。行政のさまざまな問題点は枚挙に遑《いとま》がないのも事実ではあるが、公平とはとても考えられないような比較の仕方、適切ではないデータの操作などによって、「まず結論ありき」で持論の正当性を主張する学者や政治家、評論家、そしてマスコミの態度は断じて許すべきではない。そうした思いが本書を書くきっかけとなったのである。

実際に調べてみると、行政だけではなく、日常生活に関わるものやレジャー、政治、経済活動などありとあらゆる分野でデータの〝罠〟が目につく。

マスコミなどが提供するデータを常に額面どおり受け取ってもいけないが、逆にこの手のデータはすべてまやかしであると断じるのももちろん早計である。データのなかには明らかな誤りやウソと糾弾されるべきものもあるが、むしろ巧妙にトリックが仕掛けられているケースのほうが多いからだ。

このようなデータの罠をいかにして見破るかについて、すなわち、データの〝正しい〟読み方について、具体的な事例を交えて解説していきたい。

第一章ではまず、世論調査の問題点について、その質問の仕方、選択肢の設定、対象者のサンプリング手法などを論じ、また、最近流行のインターネット調査やテレゴングが世論調査の名に値しないことを指摘する。

第二章では、家計調査や選挙の出口調査、各種ランキングなどさまざまな調査にまつわる課題や、視聴率調査で、コンマ1ポイントの差を競うことの無意味さなどを明らかにする。

第三章では、データの正しい見方について、日本人の平均信仰や英語力、人口などさまざまな事例をもとに解説する。

第四章では、官から民への変革期において、必ずしも正しいデータをもとに議論されていない点を明らかにし、終章で、データの罠を見抜くポイントについて具体的にまとめ、一人一人がデータを見る眼を養うことの大切さと、マスコミの姿勢の問題点を指摘する。

第一章　世論調査はセロンの鏡か？

やむを得ないは止むを得ない？

新聞やテレビ、さらにはネット上に、世論調査をはじめとするアンケートの調査結果が毎日のように発表されている。政治経済から、日常生活、レジャー、教育、個人の好みまで、対象は多岐にわたる。平均志向が高いといわれる日本人は欧米人よりも、ほかの人がどのように考えているのかを気にしたがるといわれている。メディアを通じて平均的な国民の意識や考え方を知ることによって、日本人は知らず知らずのうちに自分の考えを軌道修正しているのかもしれない。

そもそも、世論という言葉は、セロン、あるいはヨロンと二通りの読み方がある。『広辞苑』によれば、世論《ヨロン》は、「世間一般の人が唱える論。社会大衆に共通な意見」である。また、世論《セロン》調査は、「ある数の人々を選んでその意見を尋ね、集団や社会の世論を調べること」とされている。いずれにせよ、世間一般の人々がどのように考えるかを、主観ではなく、客観的な調査によって把握しなければならない。

我々は、世論調査はすべて客観的に実施されていると思いがちであるが、実際には、その多くに手法などの面で問題がある。意図的に結果を誘導するのは論外としても、初歩的なミスなどのために、せっかくの調査が無意味なものとなっているケースも多数ある。

世論を誘導する世論調査

客観性に乏しい調査によって、国民のニーズが誤って把握され、不適切な政策が実行に移されたり、さらには日本の政治がおかしな方向に進んでしまっては手遅れである。誤った調査結果を垂れ流すマスコミの責任は重大であるが、我々も世論調査の結果を鵜《う》呑《の》みにせず、注意深く読み取る術を身につけなければならないのである。

例えば「読売新聞」の世論調査では、消費税率が上がったときに次のように質問した。

四月一日、消費税の税率が3％から5％に引き上げられました。高齢化が急速に進む中で、いま消費税の引き上げを行わないと、財政状態がさらに悪化して、次の世代の負担が重くなったり、福祉の財源が不足するなどの影響が出ると言われています。あなたは、今回の消費税の引き上げを、当然だと思いますか、やむを得ないと思いますか、それとも、納得できないと思いますか。

（読売新聞、一九九七年五月二日、傍線筆者）

この世論調査の問題点は、大阪商業大学学長の谷岡一郎氏の『「社会調査」のウソ』でも厳しく指摘されているが、大新聞でも時にミスをおかしてしまう、危うい世論調査の実態として改めて紹介することにする。

消費税は、大平内閣や中曽根内閣のときに導入を目指したものの、多くの反対があって断念され、一九八八年、竹下内閣によってようやく成立したものである。一九九七年には、橋本内閣によって消費税率が3％から5％に引き上げられたが、その際も各方面からさまざまな批判を浴びている。

このように、消費税に対する国民のアレルギーが根強いことは事実であるが、だからといって、結論を誘導するような世論調査が正当化されてよいわけはない。
この世論調査の場合、質問文が長すぎるのも問題であるが、傍線の部分は、明らかに税率アップを容認する回答へ誘導するために加えたとしか考えられない。このような質問によって導き出された調査結果が使い物にはならないのは明らかだ。

誘導するのがいけないのは選択肢も同様である。選択肢のなかに「やむを得ない」という曖昧《あいまい》な表現のものが含まれているが、これでは賛成か反対かはっきりしない。いかにも日本人が好みそうなものである。他を「当然だ」「納得できない」と強い調子の選択肢にすれば、「やむを得ない」に答えが集まってしまうのも当然だ。

実際、この調査結果では、

○当然だ　5・4％
○やむを得ない　50・7％
○納得できない　42・6％
○答えない　1・2％

となり、「読売新聞」の一面には、「消費税上げ56％が容認」の見出しが躍っていた。また、同紙は、「国の財政の先行きが厳しさを増す中、四月からの消費税率の引き上げに過半数の国民が理解を示す一方で……」「国の財政が危機的状況にある中、超高齢社会の到来が迫っているだけに、今回の税率引き上げには半数以上の人が理解を示している」としているが、このような結果に誘導したのは紛れもなく、「読売新聞」そのものである。

曖昧な選択肢は×

似たような世論調査はほかにもある。「読売新聞」(二〇〇四年八月一日)では、年金制度に関する世論調査が掲載されていたが、ここでも、「年金などの社会保障制度を維持するために、『消費税の引き上げはやむを得ない』という意見については、『そう思う』が『どちらかといえば』を合わせて50%、『そうは思わない』が同じく48%だった」と、相変わらず「やむを得ない」という表現を設問に使っていた。

また、「毎日新聞」(二〇〇六年一月二三日)でも、「消費税率引き上げについて四つの選択肢を挙げて聞いたところ『歳出削減が徹底されるなら、やむを得ない』との条件つき容認は56%。前提は置かず『財政再建のためならやむを得ない』とする回答は8%にとどまった。『引き上げ反対』は25％で、『消費税そのものに反対』（9％）も合わせた反対派は34％だった」と、これも消費税に関して「やむを得ない」を用いていた。

あたかも、「みんなで渡れば怖くない」と言わんばかりに、消費税に関する世論調査で、「やむを得ない」という曖昧な表現を用いて世論の誘導を図っているようである。もちろん、各新聞社は、これまでの政治が、選挙結果を気にするあまり、受益に見合った負担を有権者にきっちりと求めてこなかったことをよく分かっているからこそ、税については条件をつけた曖昧な選択肢でしか世論調査を行えないと考えたのだろう。しかし、高齢化が急速に進み、負担増は不可避となっている今だからこそ、誘導尋問ではなく、正面から消費税引き上げの是非について問いかけるべきだったのではないだろうか。

つまり、「やむを得ない」などという曖昧な選択肢は抜きで、賛成か反対かを明確に問いかけるのである。その際、最も望ましいのは、誘導尋問なしで率直に賛否を問うスタイルであるが、それができないのであれば、賛否に関する典型的な意見を併記のうえ、質問するのも一案であろう。

例えば、「日本の法人企業の三分の二が税法上赤字となり、また、自営業者や農林水産業者の所得を正確に捕捉するのが現在の税体系上不可能ななかで、消費税が一番客観的である」という消費税率アップに積極的な意見と、税率アップでどれだけ家計は圧迫されるかを具体的に示し、これが庶民の台所を直撃する天下の悪政であるという否定的な意見をともに示したうえで、国民に判断してもらうべきだったのではないだろうか。世論調査である以上、どちらか一方に誘導するのではなく、正々堂々と世間に問いかけてもらいたいものである。

多ければいいのか？

世論調査の対象者は多ければ多いほうがいいのだろうか。マスコミのなかには、なるべく多くの対象者に調査したほうが、常に精度が高くなり、有効であるという思い込みを持っている人も多い。

しかし、科学的な無作為抽出を行えば、サンプル数（対象者数）は多くなくても、ある程度の誤差があることを前提として、有意義な結果が得られるのである。だが、この点については必ずしも十分理解されていないようである。

例えば、川崎市は二〇〇三年に、地下鉄工事を推進するか否かを判断するに当たって、市内に在住する二〇歳以上（外国人を含む）のうち、一万人を抽出して市民アンケートを行った。地下鉄事業への賛否について質問したところ、回答率は73・8％で、左のような結果となった。

○予定どおり地下鉄の建設を進めるべきである　15・8％
○財政状況等が良くなるまで着工を延期すべきである　40・0％
○地下鉄事業は中止すべきである　32・9％
○よくわからない　11・2％

回答率を高めたほうが科学的

世論調査などで、例えば日本人の成人を対象としてその考えを調べたいとき、具体的な

■ 有効回答率の違いは致命的？

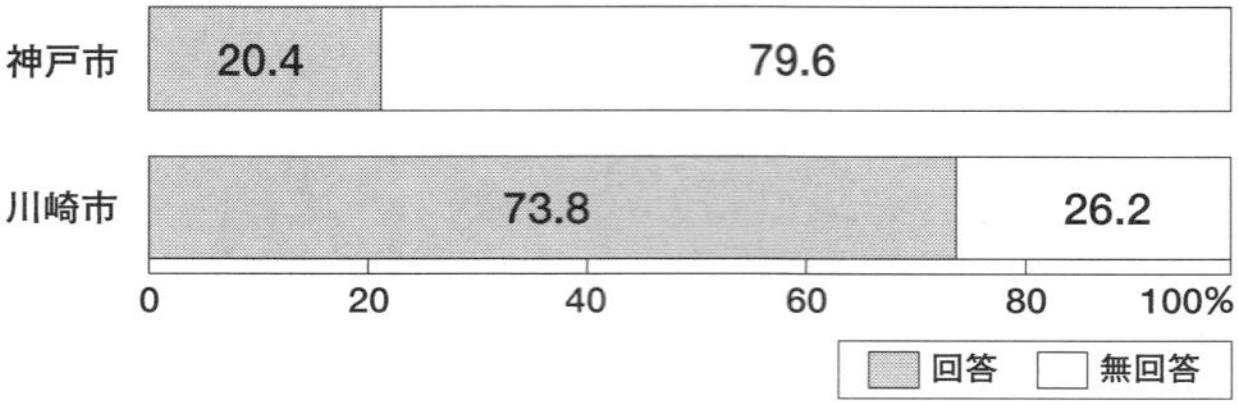

必要性に応じて「すべての日本人成人」「ある都道府県に住む日本人成人」「六五歳以上の日本人男性」といった集合が母集団になる。このような人々の考えすべてを調べるのは事実上不可能なため、その一部をサンプルとして調べ、母集団がどのように考えているのかを推定する。

なお、回収率は配布したアンケート数に占める回収されたアンケート数の割合であり、白紙など無効なアンケートを除いたものの割合が回答率（有効回答率）である。

ここでは統計学の詳しい説明は省くが、ある比率の精度をプラスマイナス5％の誤差で推定する場合、母集団が大きくても四〇〇弱（正確には三八四程度）のサンプルを無作為抽出すれば十分だといわれている。例えば四〇〇人の日本人成人を無作為抽出で選んで、憲法改正に賛成ですかと質問して、45％（一八〇人）が賛成と答えた場合、実際の母集団（日本人成人）の賛成が50％超または40％未満となる確率はわずか5％以下である。

また、精度を五倍に、つまり精度を1％近くまで高めるためには、サンプル数はだいたい5の二乗の25倍必要となる。川崎市のように二〇歳以上が一〇〇万人前後と母集団が十分に大きい場合でも、384×5×5＝9,600≒10,000となるため、一万人の無作為抽出を行うことで、精度を1％程度にまで高められることになる。

「日本経済新聞」（二〇〇三年六月一六日夕刊）では、「ただ、約一三〇万人の川崎市民のうち一万人に質問したアンケートが市民全体の声を反映できるのかと疑問も残る」としているが、これは世論調査に関する基本的な知識が欠けていることを示す象徴的な記事といえよう。

全市民にアンケートを実施しなくても、一定数のサンプルを抽出し、期日までに回答していない者に丁重に督促を行うとか、回答することによってなんらかの特典が得られるといったような仕組みによって、回収率を高めたほうが現実には経費も少なくて済み、また、その結果も科学的な分析に耐えうるものになるのである。

これに対して、神戸市が二〇〇〇年に実施した全世帯アンケートでは、約五八万世帯に調査票が配布されたが、回収されたのは一一万八〇〇〇通強、有効回答率はわずか20・4%にとどまった。こうなるとお金をかけた割には、調査結果の信憑性《しんぴょうせい》には大いに疑問が残るものとなってしまう。

有効回答率は60％以上必要

世論調査をはじめとするアンケートの有効回答率については、60％以上必要であるという指摘もある。少なくとも50％を切るような回答率では、結果を相当に割り引いて、参考程度とせざるをえない。未回答者が過半数となれば、なぜそれだけ多くの人が回答を拒否したのか、アンケートの手法に問題はなかったか、あるいはアンケート項目のなかに拒否感をもたせるような内容はなかったのかなど再検討する必要がある。ましてや神戸市のケースのように八割が回答拒否では、そのようなアンケート結果は使い物にならない。

ある事項について、賛成が60％という回答を得た場合、有効回答率が80％のときは、非回答者の90％超が反対でない限り、全体の賛成が過半数を下回ることはない。これを式にすれば、【A】のようになる。

【A】

$$0.6\left[\begin{array}{c}\text{回答者のうち}\\ \text{賛成の割合}\end{array}\right]\times 0.8\left[\begin{array}{c}\text{回答者}\\ \text{の割合}\end{array}\right]+(1-0.9)\left[\begin{array}{c}\text{非回答者のうち}\\ \text{賛成の割合}\end{array}\right]\times$$

$$(1-0.8)\left[\begin{array}{c}\text{非回答者}\\ \text{の割合}\end{array}\right]=0.48+0.02=\underline{0.5}$$

↓
全体の半数が賛成

【B】

$$0.6\left[\begin{array}{c}\text{回答者のうち}\\ \text{賛成の割合}\end{array}\right]\times 0.4\left[\begin{array}{c}\text{回答者}\\ \text{の割合}\end{array}\right]+(1-0.57)\left[\begin{array}{c}\text{非回答者のうち}\\ \text{賛成の割合}\end{array}\right]\times$$

$$(1-0.4)\left[\begin{array}{c}\text{非回答者}\\ \text{の割合}\end{array}\right]=0.24+0.258=\underline{0.498}$$

↓
賛成は全体の半数に達せず

しかしながら、もし、有効回答率が40％の場合、非回答者の57％以上が反対であれば、全体の賛成は【B】のように半数を下回ってしまう。

大切なのは数の多さより有効回答率

有効回答率が低いアンケートでは、このように信憑性がどうしても低くなってしまう。

有効回答率の低いアンケートをもとに、いかに精緻な分析を行おうとも、その結果は評価に値しないのである。よくテレビのバラエティ番組で、「銀座のOL一〇〇人に聞きました」といった形で世論調査もどきの結果が示されることがある。これは銀座でOLと思《おぼ》しき女性に、回答者が一〇〇人に達するまで手当たり次第声をかけるようなものであり、回答率など示されないが、おそらくは相当低い率だろう。そもそも、「銀座のＯＬ」といっても、銀座一丁目から八丁目に勤務するＯＬが対象なのか、たまたま、銀座を通りがかっていたＯＬなのかも明らかではない。もっといえば、ＯＬの定義も曖昧だ。

また、何千人、あるいは何万人によるアンケートの結果であると、人数の多さを強調するものもある。このように数を誇示するのは、〝○〟万人の結果といったほうがインパクトが強いからであろう。まさに〝数の権威〟を振りかざしてはいるが、この手の調査に限って、無作為抽出とは名ばかりの作為的な抽出だったり、有効回答率が低いことが多いので要注意である。

大切なのは数の多さではない。有効回答率であり、調査の質なのである。

無作為の作為

一般に世論調査や住民アンケートは、サンプリングによって対象者が選ばれるが、やみくもに対象者数が多ければよいわけではない。

全住民という母集団のなかから例えば一〇〇〇人のサンプル（標本）を取り出してアンケート調査を行い、その結果から全住民の意識を推定するのが、サンプリング調査である。この場合、一〇〇〇人というサンプルの抽出に際しては、無作為抽出法という手法が取られる。これは決してでたらめにサンプルを抽出するのではなく、母集団（この場合は住民全体）に含まれるすべての住民について、サンプルに選ばれる確率が等しくなるように設計されたサンプリングなのである。

サンプリングの方法を一言で分かりやすく説明すると、「よくかき混ぜる」ということになる。味噌汁の味見をする場合、まったくかき混ぜずに上澄みの部分の塩加減で判断すれば、塩辛くて飲めない味噌汁ができてしまう。実際には、塩加減を調べるためには、味噌汁をよくかき混ぜた後、スプーンかおたまですくって味見をするだろう。このように、少量の標本（スプーン一杯）を取り出して母集団（鍋全体）の様子（塩加減）を推定することこそが、サンプリング調査なのである。

だが、無作為のつもりでも作為が入り込んでしまい、母集団の様子を推定することができない調査も数多くみられる。せっかくすくったスプーンに塩や砂糖を混ぜてしまい、味が鍋のなかとまったく異なってしまうケースが跡を絶たないのである。

無作為抽出と作為抽出のごちゃ混ぜ

A県では毎年、県の行政の取組み方法や改善点に関して、県民アンケートを実施している。それまでは、住民基本台帳からの無作為抽出によって二〇〇〇人の県民を選んでいたが、二〇〇三年にはその手法を変え、無作為抽出を六九人に止め、このほかに公募によって一三一人を選定し、あわせて二〇〇人の対象者とした。これはまさに無作為抽出と、公募という、自ら手を挙げて申し込んできた人から選んだ作為抽出をごちゃ混ぜにしている悪例だ。

自ら希望してアンケートに回答しようとするのだから、県政に対する関心が一般県民より高いのは明らかである。例えば、審議会などの会議の傍聴について、前年調査では13・1％の人が「機会があれば是非傍聴したい」と回答していたが、二〇〇三年調査では33・

7％となった。県民意見の募集についても、前年調査では13・7％の人が「機会があれば是非意見を提出したい」としているのに対して、35・9％と高い割合になっている。

まったく対象が異なる調査結果を前にして、行政をどう評価し、どう改善していこうというのだろうか？

時系列で比較するのであれば、同様の手法で選ばれた者を対象とすべきであるし、そもそも無作為抽出と作為抽出を混ぜるという初歩的な誤りを、県レベルの調査でおかしていることと自体に驚きを禁じえない。

せめて無作為抽出の結果と公募による対象者の結果を分けて分析し、両者にどのような違いがあるかを比較すれば、意味のある調査となっただろうが、どうもこの調査の担当者は、社会調査のイロハをまったく理解していなかったようである。

プロも陥るサンプリングの誤り

このようなサンプリングの誤りは、実はプロの調査会社もおかしてしまうことがある。それは、場合によっては会社の倒産という致命的な結末をもたらすことすらある。

選挙結果の予測の正誤が、世論調査の方法を大きく変えたといわれる大統領選挙がある。民主党ルーズベルト候補が共和党ランドン候補に圧勝した一九三六年の選挙である。『ザ・リテラシー《ママ》・ダイジェスト』紙《ママ》は、選挙予測の的中率の高さで知られていた。三〇〇万人の回答をもとにした調査結果から、共和党ランドンを勝者としてしまった。調査におけるルーズベルトの得票率が実際の得票率より20％近く少なかったからであった。同じ選挙で、ギャラップ社などの調査機関は、クォータ・サンプリングと呼ばれる方法で抽出した一〇〇〇人単位の対象者を慎重に調査して、ルーズベルトの圧勝を予測した。まもなく、『ザ・リテラシー・ダイジェスト』紙は廃刊となった。

（森幸雄創価大学教授、聖教新聞、二〇〇四年一〇月二六日「メディア月評」）

「リテラリー・ダイジェスト」誌は、対象者を自動車登録者リスト、電話加入者などをもとに決めたようであるが、当時の時代背景を考えると、これらの人々のほとんどが経済的に余裕のある層に属していたろう。

同社のサンプリングが高所得層に偏ったものになってしまい、富裕層は一般的に共和党支持者が多いために、回答率の低さとあいまって共和党の得票数を過大に予測してしまったのである。

これに対してギャラップ社は、はるかに少ないサンプル数で民主党候補の勝利を見事に予想し、その後、アメリカの世論調査業界の中心的存在となった。しかし一九四八年の大統領選では、同社をはじめとするすべての世論調査で共和党のデューイ候補の勝利が予想されたものの、民主党のトルーマン大統領が再選され、「世論調査危機の年」とまで称されてしまった。やはりこれもサンプリングの手法に問題があったようである。

サンプリングの誤りは、プロでも時としておかしてしまうのである。無作為抽出を装う作為抽出が少なからずあるという実態を我々も認識しておく必要があるだろう。無作為の偽装だけは許してはいけないのである。

調査もいろいろ……

良質なデータを収集するために、さまざまな調査方法がある。日本では専門家によると、「住民基本台帳から確率抽出法（ランダムサンプリング）によってサンプルを抽出し、訪問調査によってデータを取得するのが正当な社会調査」であるとされている。

これに対して、欧米では住民基本台帳に相当するような、個人を網羅した名簿を利用できない国が多い。これらの国では、訪問調査の場合には住宅地図からのサンプリング、現地サンプリングなどの手法が用いられる。また、アメリカのように人口密度が低く、治安が悪い国では、訪問調査ではなく電話調査がよく利用されているようである。

限られた時間とコストのなかでいかに有効な調査結果を導き出すか、さまざまな工夫が凝らされている。ここでは個人を対象とした主な調査方法の特徴について、労働政策研究・研修機構の報告書から概観する。

●訪問面接法

調査員が調査対象者に面接し、口頭で質問を行い、その回答を調査員が調査票に記入する方法である。調査員が一問ずつ口頭で質問し、対象者には調査票を見せないので、対象者は次の質問を知ることができない。このため、後の質問が前の質問に影響を与えることがない。また、対象者の回答が家族など他者の影響を受けることもなく、対象者が分からないことを辞書で調べたり、他者に聞くのを防ぐことができるため、知識、態度、意見を聞く調査には向いているが、個人のプライバシーに触れる質問には向かない。

調査員の態度が対象者の回答内容に影響を与え、歪《ゆが》みを生じやすいので、調査員の訓練が重要であり、また、質問量の限界は三〇分から四〇分程度といわれている。回答率は相対的に高いが、人件費コストが大きい。有効回答一件当たり五〇〇〇円以上はかかるとされている。

●訪問留置き法

調査員が調査対象者の自宅を訪問し、調査票を対象者の手元に一定期間預け、対象者自身に調査票に記入してもらう方法で、後日、調査員が記入済み調査票を回収するために訪問する。実態を聞く調査には向くが、質問の内容によっては、調査対象者が辞書等で調べたり、家族に聞くおそれなどもあり、他者の意見に影響を受けやすく、一個人の知識、態度、意見を聞く調査には向かない。また、調査対象者が質問内容を誤解したり、理解できない場合、調査員による説明ができないので誤答も発生する。訪問面接法同様、回答率は相対的に高いが、やはりコストがかかるとされている。

●郵送法

調査票を調査対象者に郵送し、対象者が回答を記入後、調査者に返送してもらう方法である。自記式であるため、訪問留置き法と同様の特質がある。

一般的に回答率が低く、また、回答者は調査内容に関心がある層に偏る傾向がある。調査員を必要としないため、訪問調査に比べてコストは大幅に低くなる。

●電話法

調査員が電話を通じて口頭で調査対象者から回答を得て、調査員が調査票に記入する方法である。従来は電話帳から無作為に電話番号を抽出する方法が一般的に用いられてきたが、番号非掲載者が増加し、電話帳で番号が分かる率は七割程度ということもあり、最近ではＲＤＤ（ランダム・ディジット・ダイアリング）という手法が新聞社の世論調査等で多用されている。これは、電話番号によって無作為にサンプルを抽出し、自動的に電話をかける方法である。あらかじめ調査対象地域の局番を選んでおき、その下の番号を乱数を発生させて作る。その電話番号が使われている番号であり、かつ、会社や商店ではなく、一般の世帯につながった場合にのみ、その世帯に調査対象の条件に該当する人がいるかを尋ね、いる場合に調査を行う。

比較的短時間に調査を完了することが可能であるが、調査員の人的な要素が回答内容に影響を与えるおそれがあり、長時間の調査は難しい。

また、携帯電話の普及により調査対象にしうる世帯が減少している。さらに電話によるセールスと混同されて調査拒否されやすい、電話番号表示サービスで、見知らぬ番号からの電話には出ない世帯が増えてきている、などの問題がある。

回答率は面接調査に比べて15％から20％低いといわれており、二日間の全国調査での回答率はせいぜい60％程度とされているが、コストは低くなる。

調査方法で回答結果は異なってくる

調査方法によって回答結果に違いが生じうる点については、「朝日新聞」（二〇〇六年二月五日）の記事で紹介されている。ここでは「いまの生活にどの程度満足していますか」という質問について郵送法（有効回答率71％）と面接法（有効回答率59％）での結果の違いが比べられている。郵送では、「満足」「まあ満足」があわせて43％だったのに、面接では66％と20ポイント以上の開きがある。

これについて、「同時期に同じ質問をしたにもかかわらず違いが生じているのは、調査手法の違いによる影響が大きいと考えられる。一般に、調査員の前で回答しなければならない面接法では、個人にかかわる質問などでは率直に回答しにくい傾向があり、郵送法では、対象者が直接調査票に記入するため、率直に回答しやすいという特性がある」と的確に指摘されている。

以上のように調査の目的、内容、対象などを考慮して、さまざまな手法が用いられているが、プライバシー意識の高まりなどから、社会調査自体が壁に突き当たっているのも事実である。そのような状況のなかで注目を浴び、数多く使われるようになってきたのがインターネット調査であるが、これにもさまざまな問題点が含まれている。

インターネット調査はあてになるのか？

社会調査を行う環境が急激に悪化しつつある。個人情報保護法が施行され、プライバシー意識が一層高まり、調査の回答率は低下傾向にある。内閣府が毎年実施している「国民生活に関する世論調査」は、一九八〇年には83・7％の回収率だったのが、二〇〇三年には70・3％と10ポイント以上低下している。さらに、最近では回収率が五割台にまで急落するものが増えるなど、調査の精度低下への懸念が出ている。

また、住民基本台帳法が改正され、その閲覧が学術調査等に限定されれば、調査会社による対象者のサンプリングはこれまで以上に困難となる。

そこで登場してきたのがインターネット調査である。比較的コストが低く抑えられ、調査実施が短時間でできるというメリットがあるため、市場調査（マーケティング・リサーチ）などに多用されるようになってきた。

インターネット調査の二つのサンプリング方法

そもそもインターネット調査の対象者（サンプル）を集める方法には二種類ある。一つは、オープン型と呼ばれる、ウエブ上に調査票を公開し、バナー広告などで調査協力を広く呼びかけるものであり、特定の個人への依頼は行わない。

これに対して、クローズド型は、調査協力の意思を持つ者（モニター）を各種の方法に

よって集め、そのなかから調査のつど、目的にあわせて実際の対象者を選ぶものである。調査協力者の集め方については、

○ウエブ上での公募

○他の目的（懸賞等）で集めた会員に調査を依頼

○他の方法による調査（訪問面接調査、電話調査等）回答者のなかの応諾者

○オープン型インターネット調査回答者のなかの応諾者

○無作為抽出した対象者に電話・訪問によって登録を依頼

などがある。調査会社のなかには、調査協力者が数十万人規模のものもある。なお、オープン型の調査には回答率という概念はあてはまらない。

このようなインターネット調査は、市場調査の分野では相当数活用されるようになってきたが、社会調査の分野でも最近用いられるようになってきた。

しかし、労働政策研究・研修機構の報告書で示されているように、従来多用されてきた無作為抽出による調査対象への訪問面接調査と、モニターを使ったインターネット調査では、調査結果の大半が明らかに異なっている。

インターネット調査独特の傾向

同報告書では、従来型の手法を用いた労働力調査との比較を行っているが、これをみると大変興味深い点が明らかになる。

まず、対象者の属性については、次のような点が特徴として挙げられている。

○高学歴、未婚、小規模世帯
○専門技術職、「その他」の職種が多く、技能労務職が少ない
○内職、自営業が多い。正社員が少なく、非正規従業員が多い
○短期勤続者、労働時間が短い（四〇時間未満）者が多い
○「家事のかたわら仕事」が多い
○大企業勤務者が多い

意識に関しては、以下のような顕著な傾向がみられる。

○仕事や家庭を含め生活全体で充実感が低い
○多くの側面で満足度が低い、不公平感が強い

○職業能力について自信がない
○一つの企業で管理職になるよりも、いくつかの企業で専門能力を磨くことを好む
○心の豊かさを好む傾向が弱い
○平等社会より競争社会を好む
○終身雇用制や組織との一体感をあまり肯定せず、福利厚生の給与化への支持が高いなど日本型雇用慣行に否定的

従来型調査の代用としてなんの留保もなく、モニターを使ったインターネット調査をそのまま用いることは不適切であると同報告書は結論づけているが、最近では、新聞社でも同様のインターネット調査を用いることが目につくようになってきている。

例えば日本経済新聞社は、ネットモニターに対して衆院選ネット調査を実施し、小選挙区では自民党支持が54％、民主党支持が33％という結果を一面で紹介している（日本経済新聞、二〇〇五年九月三日）。実際の得票率はこれほどまで差がついてはおらず、また、調査が実施されたのが八月三一日から九月二日までで、回答率が39・6％と低い点にも留意する必要がある。これは、あくまでも日経にモニター登録している人たちへのアンケート

であり、世論調査と異なった結果になるのは当たり前なのである。しかし、このような記事が出ることで、世論全般がそのような意識であると考えてしまう読者も少なくないだろう。

調査によって正反対の結果に

この調査と同様なものに、ライブドアが行っていたネット調査がある。そこでは、二〇〇五年の総選挙直前の小泉首相支持率が82％と、一般の世論調査と比べて格段に高い数字が示されていた。これはライブドアのサイトに登録した者だけが投票できるもので、その多くは、小泉首相の支持者である前社長の堀江被告に好感を持っていたのだろう。このような調査を、無作為性を旨とする世論調査と称するなら、「データ」偽装といわざるをえない。

「阪神上場、世論はどっち？　スポーツ紙『反対』、ライブドア『賛成』」という見出しで出された記事は、インターネット調査の危うさを如実に示している。

阪神電気鉄道の筆頭株主に躍り出た通称「村上ファンド」が、阪神タイガース上場の賛否をファンに問うよう提案したことに関連して、インターネット関連企業のライブドア（本社・東京）は一四日、独自調査の結果、賛成意見が全体の73％を占めた、と発表した。同様に「ファン投票」を実施したスポーツ紙は「反対多数」が目立っており、正反対の結果だ。

ライブドアは自社のホームページでアンケートを実施。一四日午後二時半現在（有効回答二四八三件）で賛成73％、反対25％。その他2％だった。同社は「改革の進まぬ球界やオーナーたちの姿勢へのいら立ちの声が目立った」としている。

スポーツ紙では、例えば、デイリースポーツの調査（一四日午後七時半現在、同五三二二人）は賛成7％、反対93％。日刊スポーツ（一一日、同約五〇〇〇人）は賛成45％、反対55％だった。

阪神電鉄広報室は「コメントしようがない。ファンに納得してもらえる調査方法を検討中」としている。

（朝日新聞、二〇〇五年一〇月一五日）

■ 阪神上場に賛成ですか?

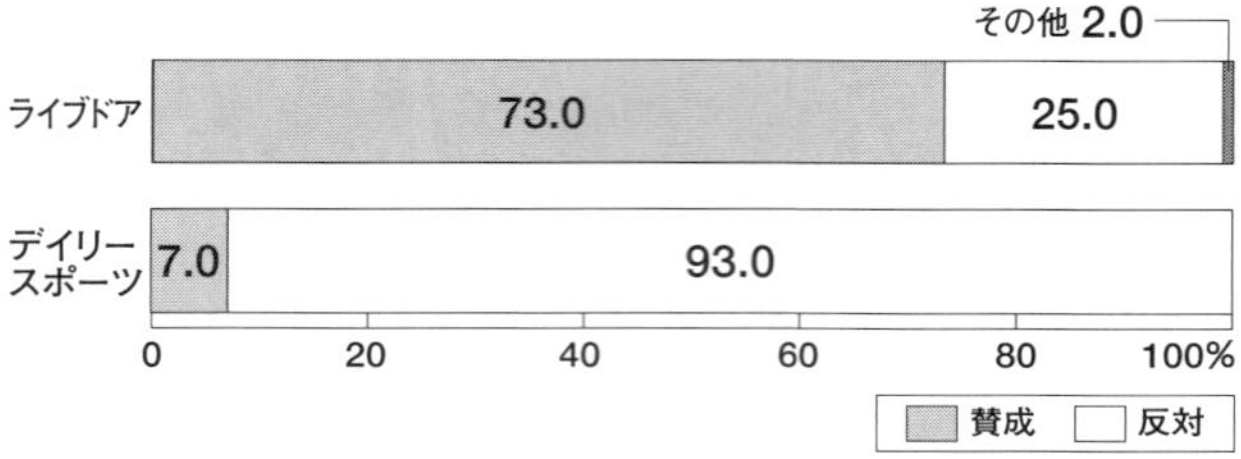

阪神電鉄広報室が言うように、どっちもどっちのため、これではコメントのしようがないのである。

ライブドアのインターネット調査では、サイトに登録した多くの〝ホリエシンパ〟が投票した結果、上場賛成が七割を超えた。それに対して一面が必ず阪神の記事であることで有名な「デイリースポーツ」では、熱狂的なタイガース・ファンが多数投票した結果、上場反対が圧倒的多数を占めるという結果になったのである。

この手の調査は、あくまで特定の意思を持つグループを対象としたものにすぎないのである。基本的にはインターネット調査はモニター調査なのであり、世論調査と同一視してはいけない。インターネット調査は、企業が商品開発などで意思決定を行う際の判断材料として使われるには有効だろうが、世論調査に用いるのには問題がある。

このことをしっかりとわきまえておかないと、それこそ世論操作の餌食となってしまう。

テレゴングは世論調査に非ず

最近、テレビで目立つのがテレゴングというスタイルの調査方法で、ウィキペディアには次のような記述がある。

ＮＴＴコミュニケーションズによって提供される日本の特殊電話サービスのひとつ。テレビなどの番組や雑誌媒体などで、視聴者や購読者に対して何がしかの設問に対する回答を行う電話番号を指定し、かかってきた電話の回数を集計して発表する用途に使われる。かかってきた数をカウントするのみでなく、一部は直接通話することが出来る。

また、二〇〇五年四月から個人情報保護法が施行された関係で個人情報の管理が厳しくなった影響で、ハガキ応募に代わる応募方法として使う番組が増えている。近年は同様のシステムとしてパソコン・携帯電話からウェブページにアクセスして応募・投票する方式もある。

（「テレゴング」『フリー百科事典　ウィキペディア日本語版』二〇〇五年一二月八日（木）08:38 UTC, URL:http://ja.wikipedia.org）

ある問題について、賛成、反対を視聴者に投票してもらい、その結果を生放送中に集計、発表できるという即時性が受け、最近では娯楽番組だけでなく、政治番組などでも使われている。

例えば二〇〇三年七月七日のＮＥＷＳ23の多事争論（ＴＢＳ）で、キャスターの筑紫哲也氏は、次のようにコメントしている。

イラクへの自衛隊派遣についての世論調査でありますけれども、実は、通常に加えても一つ私は大変注目をしてこの数字を待っておりました。

というのは、七月四日に私どもの番組ではテレゴングで同じ質問をしました。その問にどういう差が出てくるかということに注目したわけでありますが、世論調査では「賛成46」「反対49」と大変拮抗しております。

一方、四日のテレゴングでは、自衛隊派遣「賛成は23％」、「反対が77％」と非常にはっきり分かれております。ちなみに、七日発表されました毎日新聞の世論調査でも、賛成と反対はだいたい二対一の割合で反対の方が多くなっております。反対の方が多いという点では、流れは同じなんですけれども、どうしてこんな差が出たのかということでありますが、番組でテレゴングをやった時もお断りを致しました「これは世論調査とは違っておおよその傾向を示すものだ」と言いましたが、それにしても大きく開いております。

これは、世論調査の場合は、「どちらとも決め兼ねている人」、あるいは「どちらかと言えば」という答えもあるんだろうと思います。一方、電話をなさって頂く方は、番組を見ているうち自分の意志を決めている方が答えるわけでありますから、はっきりするということがあります。もう一点言えば、私どもの番組でずっとこの問題をかなり熱心にと言いましょうか、多くの時間を割いてお伝えしました。その分だけ情報量が多かったのかという思いも致します。

テレゴングと世論調査は似て非なるもの

長い引用になってしまったが、テレゴングに関していくつか注意しなければいけないことが指摘されている。

○テレゴングの対象者（母集団）は、ＮＥＷＳ23を見ていた視聴者である
○そのなかでも、電話代を払ってまで、わざわざ投票をするという強い意志を持った人たちの投票結果である

そもそも、その番組を見ているということは、筑紫哲也氏なり、ＮＥＷＳ23の報道方針に比較的共感している人が大部分と考えて間違いないだろう。しかも、同番組ではイラク派兵には否定的な報道が多く行われていたわけであるから、テレゴングがこのような結果になっても、むしろ当然と考えたほうがよい。

これはあくまで特定の人の考えが示されたものであり、無作為に選ばれた人に対して公平に実施される世論調査とは似て非なるものである。

テレゴングは、確かに簡単に視聴者の声を測定できるというメリットはあるが、それはあくまでも特定の層の声であり、決して世論の声にはなりえない。

特定の問題に強い関心を持っている団体が、組織の構成メンバーを総動員して電話をかけさせることも起こりうるし、一人で何度もかけることも可能である。仮に同一番号からは一回限りの投票に制限したところで、特定の問題に強い賛成ないし反対の意見を持っている人のなかには、家の固定電話だけでなく、自分や家族の携帯電話から投票することもありうる。

テレゴングはインターネット調査と同レベルのものであり、そのことをしっかりと見極めなければいけない。

調査会社は大丈夫か？

「ねえ、奥さん、私の担当の調査票、手伝ってくれる？」

「えっ、私が書き込むの？　ばれたら大変でしょ」

「そんなの分かりっこないから大丈夫よ。筆跡はできるだけ変えてね」

「分かったわ。左手でも書いたりするわね。ノルマが多いからこうでもしないと、さばききれないものなのね」

「そうなのよ。いつも数が多くて大変なのよ。くれぐれもこのことは内緒にしておいてね。ばれたら調査員、首になっちゃうから」

「了解。持つべきものは友達でしょ（笑）」

もし、ファミリーレストランでこのような会話が交わされていたら、あなたは世論調査の結果を信じられなくなるだろう。だが、実際にこれと同じようなことが世論調査の現場で少なからず起きている。

データのねつ造

「時事通信」によれば、データのねつ造などを行っていた社団法人のやり口が明らかにされた。

内閣府は五日、世論調査を委託した外郭団体の「新情報センター」（永島泰彦会長）がデータねつ造など不正な処理を行っていたと発表した。同センターをめぐっては、日銀の委託を受けた調査でも同様の不正処理が判明しており、回答のねつ造を常習的に行っていた疑いがある。

不正処理が判明したのは、今年七月に発表された「地域再生に関する特別世論調査」と、「食育に関する特別世論調査」。内閣府が別の二件の調査と合わせて一九五六万円で委託した。食育調査はデータを修正した上で五日、発表された。

内閣府によると、同センターは面接方式で行われた地域再生調査で二一〇八人から回答を得たと報告。しかし回答者に照会した結果、二二人は調査を受けておらず、三八人は調査対象者ではなくその家族らが回答していた。また四九七人については、不在などの理由で回答したかどうか確認できなかったという。食育調査でも、ほぼ同様の比率で不正処理が確認された。

内閣府は、八月に日銀委託の国民意識調査でデータの水増しが発覚したことを受け、同センターに過去の内閣府発注の調査についてデータを精査するよう指示。内部調査の結果、約二〇人の調査員が不正処理にかかわっていた疑いがあることが分かった。

ただ、昨年受注した一三件については、既に調査票を焼却しているため回答者への確認は困難としている。（後略）

（時事通信、二〇〇五年九月五日）

なぜ、このようなとんでもないねつ造が明らかになったのだろうか。新情報センターのホームページには、「調査の回答者の中で調査結果を希望する約一〇〇〇名の方に、結果レポートを発送いたしました。そのうちの一人から『自分は協力していないのに、レポートが送られてきた』という連絡が日本銀行に入り、調査員による不正が判明しました」と、発覚のきっかけが記されている。先に書いた会話は、決してフィクションではなかったのである。

ねつ造を防ぐ制度改正も必要

調査員をしっかりと管理できていなかった外郭団体の責任は重大ではあるが、このような調査員は、おそらくはアルバイト、あるいは嘱託といった身分であり、他の民間調査機関でも同様なことが起きていないと言い切れるだろうか？

また、同ホームページによれば、日銀調査の担当者は回収率を気にするあまり、低い地域の補充調査を行っていたとあり、結果として無作為性を損なうデータも多数加えられたことが分かる。

これ以外にも総務省の家計消費状況調査でも、同センターによる不正が行われていたようである。

その後、これらの調査では、対象者本人が回答していないデータや本人の家族等がかかりに回答したデータ、無作為性が損なわれているデータなどを除いて再集計され、その結果が公表されている。当然のことながら同センターは内閣府、総務省から指名停止の処分を受け、また、損害賠償も求められることとなった。

こうした不正は調査結果の信憑性に関わり、ひいては誤った世論の声が形成され、その結果として不適切な政策が選択されることすら起こりうる。同センターでは調査員に対して定期的に抜き打ち監査を実施していたようであるが、取組みが不十分だったとしかいいようがない。

不正が再発しないよう、各調査機関が厳しい監査体制を実施するとともに、アルバイトや嘱託の調査員であっても厳罰に処することができるよう法的措置が講じられる制度改正も必要だろう。

経費節約のためさまざまな行政分野で民間委託が増えつつあるが、実効性のある監査が行われなければ、委託がかえって高くつくことにもなりかねない。

いずれにしても、調査結果の信頼性を損ないかねないようなデータのねつ造は、断じて許してはならないのである。

見出しの真相

見出しは、忙しい現代人にとって、過剰気味の情報を取捨選択するうえで大変有用なものではある。その一方で、まったく同じ調査結果を取り上げた報道であっても、見出しのつけ方しだいではまったく異なった印象を与えることがある。

例えば、次のケースはどうであろう。

「八割が就職の『勝ち組』 新入社員の意識調査」（共同通信、二〇〇五年六月二二日）

「〈新入社員意識〉五人に一人が就職活動の『負け組』と認識」（毎日新聞、二〇〇五年六月二二日）

同じ調査結果でも「勝ち組」と「負け組」に

この二社の記事は、まったく同じ調査結果をもとに見出しが作られている。「共同通信」は勝ち組の多さを強調し、「毎日新聞」では会社に入ったばかりの新人社員のうち、すでに五人に一人が負け組と認識している点を強調している。

記事自体は、以下のようになっている。少々長いが正確を期すために全文を引用する。

新入社員の77％が自らを就職活動での「どちらかといえば『勝ち組』」と考えている――。財団法人社会経済生産性本部が、二二日までにまとめた新入社員の意識調査で分かった。

同本部は「パートや派遣などが増える厳しい環境の下、正社員という安定した身分を獲得したとの思いからではないか」と分析している。

「デートの時、残業を命じられたら」という設問では、仕事を選ぶ人が79％、デート派は21％。仕事派は女性が82％で、男性（76％）を上回った。

ドライと思われがちだが、生活の価値観では「先輩、後輩など上下関係のけじめが大切」が、就労意識でも「仕事を通じ人間関係を広げたい」がいずれも一位で、人間関係を強く意識していることがうかがえた。　（共同通信）

今年の新入社員の二割強は就職活動での自分を「負け組」と認識していることが二十二日、社会経済生産性本部と日本経済青年協議会の〇五年度「働くことの意識」調査で明らかになった。専修・専門学校と四年制大学卒でその傾向が強く、同本部は「依然として厳しい就職環境を物語っている」と分析している。

調査は今年三〜四月に国立オリンピック記念青少年総合センターで実施された新入社員研修の参加者を対象とし、三九一〇人が回答した。「勝ち組」と答えたのは77・1%、「負け組」は21・4%で、男性の方が負け組の比率が高かった。負け組を学歴別にみると、専修・専門学校25・5%、四年制大学卒22・1%、普通高校卒21・7%の順に高く、正社員としての採用が決まりながら、就職先が不本意だった新入社員が五人に一人という結果だった。

また、「人間関係では上下のけじめが大切」「仕事を通じて人間関係を広げていきたい」「仕事をしていくうえで人間関係に不安を感じる」といった質問に対し、「そう思う」との回答が多く、同本部は「職場の人間関係が大きな関心事であり、対人関係が苦手な現代の若者の傾向を表している」とみている。（毎日新聞）

複数の記事の比較も必要

両記事を比較すると、いくつかの相違点が明らかになる。ともに、社会経済生産性本部と日本経済青年協議会が実施した調査を引用しているが、生産性本部のコメントとして、「共同通信」では「厳しい環境の下、正社員という安定した身分を獲得したとの思い」から勝ち組と認識している新人が多数いるとしているのに対し、「毎日新聞」では、負け組が一定割合いる点について、「依然として厳しい就職環境を物語っている」としている。

これが直接取材したコメントなのか、記者発表資料に記載されている文言の要約なのか不明であるが、同じものを表と裏からみた結果であって、コメントの意図自体にはあまり差異はないのかもしれない。

また、「毎日新聞」の記事では、調査対象者や人数について明示しているが、「共同通信」ではこの点は触れられていない。その一方で、「毎日新聞」では負け組は男性のほうが比率が高いとしながらも、具体的なデータは示されていない。「共同通信」では、データを取るか仕事を取るかという質問に対する回答の、男女の違いも明示している。

このほか、両記事とも有効回答率については触れておらず、また、新入社員が対人関係を重視している点を定性的に言及しているという共通点もみられる。

見出しのつけ方が両極端となるケースは必ずしも多くはないが、自分なりの見解を持つためにも、同一のニュースソースからの複数の記事を比較してみることは、決して時間の無駄にはならないだろう。

第二章　調査をチョーサする

餃子日本一は本当か？

とかく日本人は記録を作るのが大好きなようである。ギネスブックにも多数の日本人の記録が掲載されていて、なかには地域ぐるみでギネス入りを目指している例も数多くみられる。

そのなかでも、食べ物をキーワードに地域振興を図る地方自治体が増えている。餃子の街宇都宮や喜多方ラーメン、横須賀海軍カレーなど、地元に根ざした食べ物を売りにしている地域が全国各地にみられる。

その際、総務省による家計調査のデータをもとに、我が地域は○○の消費量日本一と宣伝するケースが多い。お国自慢のPRとしてはそれなりにインパクトがあるが、データの解釈を誤ってしまったケースが数多く見受けられるのもまた事実である。

■ 餃子の購入額

	2000年	2001年	2002年
宇都宮市	3443円	4074円	4625円
全国平均	2460円	2423円	2495円
第2位	3233円 （静岡市）	3094円 （静岡市）	3355円 （宮崎市）
	2003年	2004年	2005年
宇都宮市	4964円	4320円	4710円
全国平均	2438円	2345円	2245円
第2位	3143円 （京都市）	3005円 （宮崎市）	2962円 （京都市）

総務省『家計調査』

この章では、メディアの注目を浴びる各種調査について、そこで示されるデータが一人歩きしている実態にメスを入れ、我々が冷静な判断をするためには、調査結果をどのようにとらえたらいいかについて考える。

家計調査は、県庁所在都市ごとのデータが盛り込まれていて、さまざまな品目の消費実態が明らかにされていることから、地域の特性を分析する際によく利用されている。

宇都宮市は餃子の街として有名であり、家計調査の結果で餃子消費量はほぼ毎年トップの座を占めており、餃子店の多さからも餃子日本一の街といって間違いないだろう。二〇〇〇年から六ヵ年の結果は表のとおりで、二〇〇〇年での二位との差は誤差の範囲ともいえるが、他の五年は二位以下を大幅に上回っており、また、それ以前の家計調査の結果も踏まえれば、間違いなく餃子に関してナンバーワンである。もちろんこれは、県庁所在都市での比較であるため、あくまでもそのなかでの一番ということである。

宇都宮が餃子日本一の街であることは間違いないとしても、家計調査の結果がたまたまある時期にトップだからといって、安易に地域おこしに使われてしまう例がたびたびみられる。家計調査のデータの罠に気づかないと、取り返しのつかないことになりかねないから要注意である。

ケーキ日本一は〝瞬間風速〟

例えば、埼玉中央青年会議所がさいたま市をケーキの街にしようと取り組んでいたが(朝日新聞、二〇〇二年一〇月一九日埼玉版)、この根拠となったのが、一九九八年から二〇〇〇年までの三年間のケーキ購入額の平均が一万九八円と、水戸市(九七〇二円)、山形市(九四〇二円)をおさえてトップという家計調査の結果をもとにしたデータだった。このもともとのデータは旧浦和市のものであり、さいたま市全体としてはこの三年間に限ってもケーキ日本一であったかどうかは怪しいのであるが、二〇〇〇年から二〇〇二年までの家計調査を調べてみると、残念ながら青年会議所が根拠にしたデータは〝瞬間風速〟であったことが明らかになる。

一九九八年（九九九七円、二位）、一九九九年（一万五七一円、一位）、二〇〇〇年（九七二六円、三位）は、たまたまさいたま市（正確にはこの時点ではまだ浦和市）でサンプルとして抽出された世帯のケーキ購入額は多かったが、二〇〇一年は一二位（八五八六円）、二〇〇二年は全国平均並みの額（七八二四円）で、県庁所在都市では三一位と、特にケーキの購入が多いわけではなかった。

たまたまある時期に、それも後述するように信憑性に疑問のある家計調査で他都市よりもケーキの購入額が若干多かったからといって、その都市をケーキの街として売り出すことは大恥をかく結果となりかねない。

なお、旧浦和市で洋菓子店などを数多く経営していた山口屋は、一八八四年に創業し、一二〇年を超える歴史を持つ老舗のお菓子屋さんであったが、一〇億円近い負債を抱え、二〇〇五年六月に倒産した。もはやさいたま市（浦和）をケーキの街と呼ぶ人は少ないようである。

家計調査の特性

ちなみに家計調査では、ケーキのほかにゼリー、プリン、他の洋生菓子という項目がある。例えばケーキは、「原則として、小麦粉をスポンジ状、タルト状に焼きあげ、それに生クリーム、果物などを飾ったもの。サバラン、ショートケーキ、モンブラン、チーズケーキ」といったように細かく定義がされている。

果たして家計調査の対象世帯は、これらを指示どおりに明確に区別しているのだろうか。正確にデータを記録するためには、ケーキを買ってきてからレシートと箱のなかの一品一品を見比べて、「これはモンブランだからケーキ、これはフルーツゼリーだからゼリー、これはアップルパイだから他の洋生菓子」と分けて金額を記載するという困難な作業をしなければならない。もしかすると多くの世帯では、大雑把にまとめて記載しているのではないだろうか。むしろ洋菓子の合計購入額で比較を行ったほうが、まだ信憑性が高いかもしれない。

家計調査のデータの特性を利用したケースは、さいたま市に限った話ではない。例えば新潟県長岡市のホテルでは、新潟県（正確には新潟市）がカレーのルー消費量日本一になったことをきっかけに、当地ゆかりの山本五十六《いそろく》海軍大将の名前に掛けて、五六種類の原材料を使った五十六カレーを発売している（新潟日報、二〇〇三年六月二一日）。五十六カレー自体はなかなか面白い発想であるが、残念ながら、これもさいたま市のケーキと同様に、家計調査の〝瞬間風速〟から生まれたものである。

確かに一九九八年、二〇〇〇年は購入額で全国第一位となっているが、二〇〇一年は三位、二〇〇二年は七位と毎年一位であるわけではない。また、一位となった年も、全国平均と比べて九八年は16％、二〇〇〇年は25％ほど多いにすぎない。その後は、二〇〇三年に二四位まで下がったが、二〇〇五年には再び一位に返り咲いている。

カレー王国の〝データ〟

カレーのルーに惹《ひ》きつけられたのは長岡市だけではない。鳥取商工会議所は、商工会議

2001年	2002年	2003年	2004年	2005年
1905（3）	1752（7）	1554（24）	1792（5）	1879（1）
2063（1）	1748（8）	2067（1）	2097（1）	1671（4）
1655	1653	1602	1555	1484
2102（9）	2021（12）	2003（13）	2207（4）	2111（4）
2487（1）	2074（10）	2358（1）	2472（2）	2060（6）
1908	1924	1915	1938	1816

所ニュースで、「〝カレー王国〟で観光アピール　地域振興へガイド作成」と銘打ってPRを行った。同記事によれば、「鳥取商工会議所が、カレー王国をPRしようと配布している地元の一三種類の名物カレーなどを紹介した『とりマップ』が好評だ。同マップは、総務省調査で、鳥取市のカレールウの消費量が日本一であったことを受けて作成したもの。地元の厳選された食材を豊富に使った一三品の『鳥取カレー』はユニークなものばかり。地元の砂丘らっきょうや鶏肉を使った『三二万石カレー』、イカすみを使った『イカすみ黒カレー』、砂丘卵の入った『砂丘伝説カレー』などが人気を集めている。カレー以外にも、観光名所や地元の名産品も紹介。同所では、カレーとの相乗効果に期待を寄せている」としている。

鳥取市の場合は、さいたま市のケーキや新潟市のカレ

■ 新潟市と鳥取市のカレールー購入額と購入量の順位

		1997年	1998年	1999年	2000年
購入額(円)	新潟市	2007 (17)	2163 (1)	2139 (3)	2261 (1)
	鳥取市	2068 (7)	1815 (23)	2009 (9)	2044 (2)
	全国平均	1993	1863	1859	1813
購入量(g)	新潟市	2048 (15)	2138 (4)	2239 (3)	2438 (2)
	鳥取市	2402 (1)	2177 (3)	2366 (1)	2549 (1)
	全国平均	2051	1965	2001	2016

注:(　)は順位である。　総務省『家計調査』

ーのデータよりは日本一に近そうである。確かに二〇〇三年は購入額も購入量も一位だった。二〇〇二年は購入額では八位、購入量は一〇位、二〇〇一年は二〇〇三年同様両方とも一位となっていた。二〇〇四年では、購入額は一位だったものの、購入量では前橋市にわずか六グラム及ばず二位となっていた。また、二〇〇五年は購入額では四位、購入量では六位だった。

このように購入額では、ばらつきはあるが、鳥取市はここ五年間では三回一位となっていた。購入量に関しては、この九年の間に五回一位となっていて、カレールーの購入が多い街であることは明らかである。しかしながら、二位以下との差は必ずしも大きくなく、常に一位であるわけでもないため、全国一という地位を確固とするためにはもう少し詳細な調査や分析が必要であろう。

また、カレールーの購入額や購入量が多いことからは、家庭でカレーが好まれているものの、レストランなど外食でどうなっているかは明らかでない。カレーの街と標榜《ひょうぼう》するためには外食産業に関するデータも調べるべきである。

一般的に、家庭調査の結果を用いて「○○の街」という売り出し方をしたいのであれば、最低でも過去一〇年間程度はデータを集め、一位の都市と一定以上の差（必需品の場合は少なくとも10％以上、それ以外であればできれば20％以上）があることや、全国平均と大きな開きがあることなどを確認する必要がある。

家計調査の購入額のデータに加えて、小売店の店舗数、販売額など他のデータもあわせて分析を行い、それでも第一位ということが明らかであれば、その都市は、○○日本一の街（正確にいえば県庁所在都市のなかで一番）として売り出しても、看板に偽りなしということになるだろう。

家計調査利用の注意点

そもそも家計調査とは、全国の世帯の収入や支出、貯蓄・負債を調査し、社会・経済政策のための基礎資料を提供することを目的とし、戦前は内閣統計局によって、戦後は総理庁、総理府、総務庁（現総務省）によって実施されているものである。家計調査の調査対象は全国の消費者世帯で、全世帯の97％をカバーしているとされている。具体的には、全国一六八の市町村を選び、さらにそのなかから調査地区を選んで、全体として約九〇〇〇世帯を選ぶという作業を行っている。

家計簿には毎日の収入と支出を記入し、支出については、買物や料金支払いなど一つ一つについて、品名と用途、金額、数量を記入することが求められている。

このような家計調査の結果を都市別に利用する場合、細心の注意が必要である。これまでみてきたように、単年度たまたまある品目の購入額が多かったからといって、その都市がそれに特化していると結論を出すのは早計である。中長期的な傾向や他の統計のデータも調べ、それでも突出しているようであれば、はじめて地域おこしなどに利用することが可能となるだろう。

そもそも、家計調査に関してはさまざまな問題があると指摘されている。例えば、「家計調査のサンプル数や質の偏りといった指摘には反論できない」（堺屋太一経済企画庁長官、朝日新聞、二〇〇〇年六月七日）、調査対象世帯の入れ替え方による偏りが出たり、高額商品の消費に関するデータの取り扱いに不備が多い（日本経済新聞、二〇〇一年八月八日）というものである。

家計調査の際に、最初にサンプルとして選択された世帯が調査拒否を行った場合、代替世帯を選択して調査が行われるため、純粋な意味での客観的抽出結果に基づく比率ではなく、また、所得の低い層や若い世代、自営業などに調査拒否が多いとされている。さらに、調査の家計簿を記入するのは主に主婦であり、世帯主や家族のこづかいの使い道などについて十分把握できていないとの指摘もある。

このようにさまざまな問題がある家計調査であるが、個人消費の実態を把握するためには、なくてはならない統計調査であることも事実である。家計調査だけに頼らず、他の調査結果もあわせて分析に活用するのが無難である。

視聴率の罠

サンプリング調査には、当然のことながら誤差が含まれる。これを理解するに当たっては、テレビの視聴率調査を例に取ると分かりやすい。

視聴率調査の大手であるビデオリサーチ社は、関東地区・一都六県を例にとると、およそ一六〇〇万世帯のなかから六〇〇世帯（従前は三〇〇世帯）をサンプルとして視聴率測定器を設置し、各番組の視聴率を測定している。

サンプリング調査の誤差

六〇〇世帯を決めるに当たっては、無作為抽出法によってサンプルが選ばれる。例えば視聴率30％というのは、この六〇〇世帯のうち一八〇世帯がある番組を見ていたという数字である。

実際に一六〇〇万世帯の30％が見ていたとは限らないわけであり、母集団（一六〇〇万世帯）の視聴率がどうであったかを、このサンプルの結果をもとに推定する場合には、必ず誤差を考慮する必要がある。

具体的な計算方法は難しいので省略するが、サンプルの視聴率が30％だった場合、理論的には、95％の確からしさ（信頼度）で、母集団は26・3％から33・7％までの範囲に収まっている。

この確からしさを１００％から差し引いたものを危険率という。95％の確率ということは、５％ははずれる可能性があるということである。これが危険率であり、一〇〇回調査をすれば五回は、実は母集団は26・3％よりも小さかったり、33・7％よりも大きかったりするのである。

仮にAという番組の視聴率が30％で、Bという番組が25％だった場合、母集団もAのほうが視聴率が高いといえるだろうか。95％の確からしさで考えた場合、Bの場合は21・5％から28・5％までの範囲となり、AとBには重なり（26・3％から28・5％まで）がある。重なるということは逆転の可能性があるわけで、Aのほうの視聴率が高いとは断言できなくなる。ましてやAとBの差が１％を切っているようであれば、もはや同じ程度の視聴率と判断せざるをえない。

0・1％で鎬を削る視聴率競争の無意味

今では視聴率調査を大々的にやっているのは一社だけになってしまったが、次ページの表のように二社あったころのデータを比べてみると、このような視聴率競争に意味がないことがよく分かる。

例えば、関東地区の一九八四年四月一六日から二二日までの週間平均世帯視聴率のトップは、ビデオリサーチ、ニールセン両社ともＮＨＫの朝の連続テレビ小説「ロマンス」で、前者は44・8％、後者は43・8％であった。ビデオリサーチの第二位は、プロ野球巨人対中日戦の34・2％だったが、ニールセンのほうは27・9％と六位であった。

なかにはＮＨＫニュースワイドのようにたまたま30・5％と両社が一致するものもあったが、たいていの番組は数％程度の差がついている。このほか、水戸黄門は、ニールセンでは34・6％と二位だったが、ビデオリサーチでは28・7％で六位と、6％近く差が開いていた。

■ 2社の視聴率（1984年4月16−22日）

番組名	ニールセン	ビデオリサーチ
ロマンス	43.8（1）	44.8（1）
水戸黄門	34.6（2）	28.7（6）
NHKニュースワイド	30.5（3）	30.5（4）
欽どん！	29.2（4）	24.5（12）
世界まるごとHowマッチ	28.0（5）	30.5（4）
プロ野球 G×D	27.9（6）	34.2（2）
クイズダービー	27.9（6）	21.6（20）
欽ちゃんの、どこまでやるの	27.8（8）	25.0（10）
プロ野球 G×S	27.4（9）	31.5（3）
なるほどザ・ワールド	26.7（10）	22.6（16）

注：数値は視聴率（%）、（　）は順位である。浅井晃『調査の技術』（日科技連、1987年）

現実には、1％どころか0・1％単位で鎬《しのぎ》を削る視聴率競争が繰り広げられている。低視聴率の番組は、スポンサーの意向によって番組が打ち切られることも日常茶飯事だ。このようにテレビ番組の世界はシビアであるが、実際の視聴率の精度からすると、ある番組が視聴率30％の場合、他番組が23％を切る程度でようやく逆転の可能性はなくなるのである。

この程度の精度であるにもかかわらず、視聴率は年間二兆円の広告費の唯一の指標として重宝されている。さらに、自分が制作した番組の視聴率を上げるために調査世帯を調査会社を使って割り出し、買収を行うようなマスコミにあるまじき行為が発覚するなど、まさに視聴率狂想曲の観を呈している。

それではサンプル数を増やせば、精度は著しく増すのであろうか？　答えは残念ながら否である。例えば六〇〇サンプルで視聴率30％の場合の誤差はプラスマイナス3・7％であったが、これを一〇倍の六〇〇〇サンプルにしても、誤差はプラスマイナス1・2％と約三分の一に減少するだけだ。

視聴率調査において0・1％単位の違いにまで統計的な意味を持たせようとするのであれば、三〇〇〇万世帯程度を対象に調査を行わなければならなくなる。むしろ、ある程度の誤差があることを常に頭に入れて数値を比較するのならば、三〇〇あるいは六〇〇世帯程度の視聴率調査でも十分に意味はある。

いずれにしても、視聴率とはこの程度のものであるという認識は、持っておいたほうがいい。

出口調査の怪？

二〇〇五年の総選挙で、投票終了時刻の八時ちょうどにマスコミ各社はいっせいに出口調査の結果を発表し、自民圧勝を伝えたことは記憶に新しい。

そもそも出口調査とは、選挙の当落者予想のため、投票所の出口付近で投票したばかりの人に投票の内容を尋ねる調査のことをいう。

出口調査は、一九九〇年代からマスコミ各社が競って取りいれるようになった。以前は投票日前に当選者数を政党別に予測する記事が書かれていたが、有権者の投票行動に大きく影響を与えると批判され、今では事前予測に替わって出口調査が選挙報道の華となった感もある。出口調査は、マスコミ各社が社員やアルバイトを投票所に配置し、投票し終わった有権者に投票行動などを面接調査するものであり、例えば日本テレビやテレビ朝日で

■ 出口調査の結果（2003年）

	自民党	誤差（%）	民主党	誤差（%）
NHK予測	228	−3.8	188	6.2
日本テレビ予測	221	−6.8	205	15.8
TBS予測	230	−3.0	188	6.2
フジ予測	233	−1.7	180	1.7
テレビ朝日予測	220	−7.2	193	9.0
当選者数	237		177	

各社のテレビ報道による

は、約五〇万人のサンプルを収集している。調査に当たっては系列の新聞社の全面的な協力は不可欠で、新聞配達員なども動員されているようである。

二〇〇三年総選挙出口調査の各紙比較

例えば、民主党に風が吹いた二〇〇三年の総選挙における各社の出口調査の結果と選挙結果との比較は、表のとおりである。

このときは自民党が退潮し、民主党が躍進したが、一時は民主党が二〇〇議席に手が届くのではとの予測も出されていた。実際には自民党が二三七議席、民主党が一七七議席という結果だった。

ＮＨＫについては予測結果を区間で発表しているため、平均値を示している。どのマスコミも自民党の議席を少なめに予測し、民主党の議席は多めに予測していたことが分かる。特に日本テレビにいたっては、自民と民主の議席差がわずか一六にまで縮まると出口調査の結果から予測を行ったが、現実には六〇議席の差だった。民放に関しては、系列の新聞社の発行部数が少ないところほど、出口調査の精度はむしろ高かったことが分かる。

特に、地域によっては発行部数が非常に少ない産経新聞を系列に持つフジが、2%を切る誤差で議席数を予測していたことが特筆される。

二〇〇五年総選挙出口調査の各紙比較

それでは二〇〇五年の出口調査の結果はどうだったろうか。

選挙結果は、自民の二九六議席（東京比例区で候補者をもっと多く擁立していれば二九七になっていた）の大勝に対して、民主はわずか一一三議席の大敗であった。

二〇〇五年の出口調査の結果をみると、おおむね二〇〇三年よりは誤差が縮まっているところが多いが、今度は各社とも自民の議席を実際よりも多く予測し、民主を少なめに予測し、一時は一〇〇議席割れという報道もあった。

■ 出口調査の結果（2005年）

	自民党	誤差（%）	民主党	誤差（%）
NHK予測	305	3.0	106	−6.2
日本テレビ予測	309	4.4	104	−8.0
TBS予測	307	3.7	105	−7.1
フジ予測	306	3.4	101	−10.6
テレビ朝日予測	304	2.7	104	−8.0
当選者数	296		113	

各社のテレビ報道による

各社ごとにみると、NHKは両年の差はあまり大きくなく、二〇〇三年、二〇〇五年を総合すると最も誤差が小さくなっている。日本テレビとテレビ朝日は二〇〇五年のほうが誤差は小さく、二〇〇三年の結果が良かったTBSとフジは、今回は誤差が大きくなっている。

ただし、各社とも調査結果の原データを一定程度加工して利用しているとのことであるから、これらの誤差は調査手法によるものだけではないようである。また、どの程度の回収率だったのかも公表されていない。

出口調査の結果が実際の結果と異なる理由の一つに、期日前投票の増加が挙げられている。今回は有権者の8・67％に相当する約八九六万人が投票日より前に投票していて、出口調査の対象からははずれてしまっている。これは投票者の約八人に一人に当たり、これらの人々の投票行動をどのように勘案するかで、各社の知恵比べが今後一層激しくなるかもしれない。

多額のコストと手間をかけて出口調査の手法をさらに充実させ、より精度の高い予測を瞬時に発表することは可能になるかもしれない。だが、今度は選挙結果があっという間に分かってしまい、番組を見続ける視聴者は少なくなるだろう。

そうなると、テレビ局にとっては視聴率がすべてであるといっても過言ではないので、あまり精度の高い出口調査は、コストがかかるうえにかえってCM収入を目減りさせるとして、お蔵入りになるかもしれない。皮肉なものである。

都道府県ランキングを検証する

世の中、評価で花盛りである。自治体や大学のランキング、病院の安全度に関する評価、さらには国別の汚職度、IT先進度といったものまで、さまざまな分野で評価が幅をきかせている。

特に、自治体の豊かさを評価し、順位づけをすることがブームとなった九〇年代前半には、さまざまなランキングが登場し物議を醸《かも》した。ここでは、都道府県を対象としたランキングにどのような課題があったのかを八つの指標から明らかにする。

都道府県ランキングがブームとなったきっかけは、九一年度に国民生活白書が「生活の豊かさ指標（地域別豊かさ指標）」を発表したことにある。当時の経済企画庁が都道府県についで、分野別だけでなく総合順位もつけ、それを白書に掲載したことはある意味画期的であった。白書の発表と前後して、地域の豊かさをランキングする試みがさまざまな機関で行われた。

この節で取り上げるランキングの実施主体は、国が一つ、金融機関系のシンクタンクが四つ、その他のシンクタンクが三つである。

データの加工方法

各ランキングが採用しているデータ数は、最大が一〇七、最小が二三と五倍近い開きがある。確かにできるだけ多くのデータ項目を用いたほうが、地域のさまざまな豊かさの側面をきめ細かく表すことができるので、望ましいとも考えられる。しかし、一つの指標に総合化する場合には、データ項目数が多すぎると一つ一つのデータが寄与する度合いが小さくなり、地域の個性が見えてこなくなる欠点もあるため、一概に多ければよいものでもない。

データの加工方法については、それぞれのデータを比較できるように、まず偏差値などで標準化し、それぞれの分類ごとに単純平均（どのデータも同じウエイトで計算）していく方法が挙げられる。いわゆる原データでは、例えば道路の舗装率（例えば95％）と住宅の床面積（例えば１１５㎡）では単位も違い、そのまま95プラス１１５を２で割って１０５としても意味のある指標とならないから標準化が必要となる。

そこで、データごとにいわゆる偏差値化（ここでは平均を50とする）を行い、その指標を単純平均ないし加重平均（特定のデータのウエイトを変えて計算）してその分野の指標とするのが常である。舗装率の場合、仮に全国平均が90％だとすれば、90％の都道府県は偏差値50となる。95％が偏差値55、床面積１１５㎡が同様に偏差値65だとすれば、単純平均して、

■ 都道府県ランキングの結果（順位：抜粋）

	A	B	C	D	E	F	G	H
東京都	38	1	10	1	10	6	1	1
千葉県	47	31	46	27	45	45	40	45
埼玉県	46	35	44	22	47	47	38	47
神奈川県	44	7	38	3	33	44	7	36
富山県	3	3	3	9	2	4	2	2
石川県	10	9	8	6	1	1	5	3
大阪府	43	23	36	4	44	42	23	7

A：地域別豊かさ総合指標（経済企画庁）
B：豊かさランキング（社団法人社会開発研究所）
C：住民活力度（大垣共立銀行）
D：都道府県別くらしやすさ指標（浜銀総合研究所）
E：地域の豊かさランキング（三菱総合研究所）
F：都道府県別暮らしやすさ指標（日経産業消費研究所）
G：豊かさの指標（日本開発銀行設備投資研究所）
H：「ゆとり・豊かさ」の総合指標（山陰経済経営研究所）

(55＋65)　÷2＝60、あるいは住宅のほうが重要だとして二倍のウエイトで加重平均して（55＋65×2）　÷3＝61.7と操作して得られたデータこそが真に意味のあるものとなる。

どのランキングもデータの標準化については偏差値化を採用していて、このうち、平均を50とするものが三つ、１００とするものが五つあった。また、標準化したデータを総合化する手法としては、単純平均を採用しているものが六つと大半を占めていた。

このようにデータを加工するに当たっては、どのランキングも平均と偏差値を用いている。これら八つのランキングの結果を抜粋したのが前頁の表である。

都道府県ランキングの傾向

実際、ランキング結果を比較すると、北陸を中心とした中部地方の各県の順位が高いものと、東京都など大都市部の都府県の順位が高いものの二つに大きく分けられる。東京都は八つのランキングのうち四つでトップとなっており、経済企画庁の地域別豊かさ総合指標以外はどれも上位一〇位以内である。一方、千葉県と埼玉県はどれも順位が低く、このうち五つの調査ではこの二県がワースト五に顔を揃えている。また、富山県と石川県はすべてのランキングで一〇位以内に入っている。特に富山県の場合、一つを除いてすべて上位五位以内に入るという高い評価を得ていることが特筆される。

一方、神奈川県、大阪府のように上位と下位の両方にランキングされる府県もある。総合ランキングを算出する方法に大きな差異はみられないことから、ランキングごとに結果が大きく異なるのは、採用した個別データの違いによるところが大きいようである。

都道府県を単位とした利用可能なデータはある程度限られてくるため、それぞれのランキング結果が全然異なるという結果にはなっていない。しかし、横浜銀行系のシンクタンクである浜銀総合研究所の「都道府県別くらしやすさ指標」では、「駅まで1㎞未満の住宅割合」や「男子大卒初任給」を採用し、面積当たり（あるいは可住地面積当たり）で処理するデータが他のランキングより多いなど、大都市部、人口密集地域で値が高くなる傾向のデータを数多く採用している。その一方で、北陸地方の県が上位に並ぶランキングでは、持ち家率や住宅の広さ、貯蓄額、通勤時間など生活のゆとりを表すデータを数多く用いている。

このようなランキング結果が公表されると、大きな反響を呼び、結果だけが一人歩きしてしまいがちである。地域別豊かさ総合指標でトップとなった山梨県は、経済企画庁に県のイメージアップ大賞を授与しようとしたが、経済企画庁から丁重に断られている。また、埼玉県のように「豊かさ指標」とは違った視点から新たな指標を作成し、県がもっと上位に位置していることをPRするなど各地で波紋を呼んだ。

調査主体を念頭にランキング結果を見比べると、興味深い事実が見つかる。例えば浜銀総合研究所が行ったものでは、神奈川県が三位と八つの調査のなかでは一番上位となっている。

ランキングの問題点

都道府県ランキングに関してはさまざまな問題点がある。その第一に挙げられるのが、都道府県あるいは市町村といった自治体をランキングという形で順位づけすることが、そもそも妥当であるのかどうかという点である。結論からいうとランキングの活用については、総合ランキングの結果に躍らされるよりも、各分野ごとの地域の豊かさの分析によって、他地域に比べてどの分野が弱いのかなど、自らの地域特性を知るための参考程度にとどめておいたほうがいいだろう。

第二には指標の作成方法がある。先にも触れたように、どのランキングも平均と偏差値によって作成されている。偏差値自体は、世間一般の風当たりは強いものの、統計的にはデータ同士を比較しやすくする最もポピュラーな方法であり、また、これ以外に分かりやすいやり方もない。単純平均が多くの場合採用されているが、これは社会資本整備でいえば、下水道普及率も道路舗装率も一人当たりの都市公園面積もどれも同じ重み付けで評価することとなる。単純平均がいいのか加重平均がいいのか、一概にはいえないが、指標の総合化に関して明確な哲学があるのであれば、根拠を明らかにしたうえで重み付けを行い、メリハリのある指標としたほうがよい。

第三にデータに関する問題がある。特に、データそのものの客観性、あるいはどのデータ項目を採用すべきかについては、大いに議論の余地がある。例えば、先に触れた家計調査では生活の嗜好《しこう》を表すさまざまなデータが公表されているため、都道府県ランキングにもそのうちのいくつかが採用されている。だが、年によっては、データの値が常識で考えうる範囲を超えて大きく変動していて、しかも県庁所在市だけのデータである家計調査の結果を都道府県ごとに比較することの客観性には疑問もある。

このほか、データによっては作成者が意図した豊かさに関する領域を必ずしもカバーしていなかったり、あるいは複数のデータを合算する際に二重計上の部分があったり、データの信憑性そのものに問題があるなど、課題も多い。

どのようなランキングにも、ここで指摘したような問題は山積している。結果の鵜呑みは禁物である。

都市ランキングは？

それでは都市のランキングはどうだろうか。日本経済新聞社と日経産業消費研究所（以下「日経等」という）は、一九九八年から全国市区の行政革新度と行政サービス度に関する調査を隔年で実施している。その結果は日経紙上に大々的に掲載され、多くの首長もこの結果には相当程度関心をいだいている。

行政革新度は、透明度、効率化・活性化度、市民参加度、利便度の四つの分野に分かれている。加点方式で集計した数字をもとに偏差値を計算し、あわせて総合点の偏差値を算出してランキングする形でAAAを最高に九段階の格付けも行っている。二〇〇二年度に評価対象にした指標は全部で五九項目で、基本的には「ある」を2点、「二〇〇三年度に予定」を1点、「ない」を0点とし、項目によっては配点を変えている。

行政革新度の評価

二〇〇二年度の行政革新度が最も高かったのが三鷹市で、次いで岡山市、板橋区、大和市、武蔵野市となっている。基本的には日経等が選んだ項目を多く実施している自治体が高い点数を得ている。例えば透明度では、入札関係も含めて、情報公開制度がどの程度きめ細かく行われているかが評価の分かれ目となっている。また、効率化・活性化度では、「行政評価」や「バランスシート」「ISOや庁内LAN」といったいわゆる流行モノにいかに早く取り組んでいるかが重視されている。また、市民参加度では、パブリックコメントやNPO支援条例等を、利便度では、ICカードやインターネットによる各種行政サービスの提供を実施している自治体が高得点を得られやすい。

結局のところ、近年自治体の間で話題となっているような先進的な取組みをどの程度多く実施しているかが、評価の分かれ目となっている。上位の団体をみると、自治体関係者が見ればうなずけるような、それもトップのリーダーシップのもと先駆的な取組みを実施している地域ばかりが並んでいる。

このように日経等が数多くの指標をアンケート調査し、その結果をもとに各自治体の取組みを評価しようとした点は評価できるが、細かくみると気になる点もある。まず第一には、基本的にどれも同じ重み付けで評価されていることである。例えば効率化・活性化度には「ＩＳＯの認証と庁内ＬＡＮの構築」「職員提案制度」「可燃ごみ収集の民間委託」といった項目があるが、これらの実施の有無が同じように2点と0点にされている点は、再考が必要である。

次に、どの項目も基本的に実施の有無でデジタル的に点数が決められていて、最も総合点数が高かった三鷹市にしても、パブリックコメントやＮＰＯ支援の条例化などの制度づくりは未着手として、一部点数が低くなっている。しかし、三鷹市は住民参加やＮＰＯとの協働の取組みでは、他の自治体の先を行っていて、条例は制定していても取組みは不十分な団体のほうがこれらの項目では点数が高くなってしまう。このように質的な評価の面で課題がいくつかある。

また、項目によっては、特定のものに集中する傾向がみられる。例えば一四ある利便性の指標のうち、三分の一強の五つが図書館関係である。確かに市民にとって最もなじみのある公共施設が図書館であるのは事実だが、他の項目をもう少し盛り込むなりの、改良の余地は残されている。

行政サービス度の評価

以上みてきたように課題はいくつかあるものの、行政革新度についての評価はそれなりにうなずけるものである。一方、行政サービス度に関しては、過去の都道府県ランキングと同様の課題がいくつもある。

行政サービス度は公共料金等（四項目）、高齢化対策等（六項目）、少子化対策等（七項目）、教育（五項目）、住宅・インフラ（八項目）の三〇項目に対して、料金やインフラ、施設規模などは項目ごとに、料金ならば安い順番、施設ならば大きい順番から偏差値を出したうえで五段階に分けて得点化（5点～1点）し、補助制度などは一定の加点方式により総計150点で評価を行っている。

行政サービス度では、武蔵野市が一番高く、次いで三鷹市、羽村市、刈谷市、千代田区と続き、上位には東京及びその周辺の自治体が並んでいる。

例えば公共料金等では、「水道料金」「下水道料金」と「住民票の交付手数料」「バレーコートの使用料金」が同一の重み付けで評価されている。

水道料金では、月当たり標準世帯で最高と最低で六〇〇〇円以上の差があるが、一番安くても5点、一番高くても1点となる。一方、住民票は、年間でも何通も必要とするわけではなく、また、手数料も大多数の自治体が二〇〇円から三〇〇円と大差がないにもかかわらず、最も安い一〇〇円で5点、最も高い四五〇円で1点とされている。このようなデータ同士を単純平均にすると、サービス水準の格差をかえって平準化してしまうというデメリットもある。

また、高齢化対策等では、高齢者人口一〇〇〇人当たりの特別養護老人ホームの総定員数も指標として用いられている。特養が多いことで、かえって自治体の財政負担や、行政サービスの低下を招くことも考えられるが、ここでは単純に数が多いほど点数が高くなっている。このほか、就学前児童一〇〇人当たりの保育所の定員数では、過疎化・高齢化が進んでいる自治体が上位に並んでいるが、単に指標が大きいからサービスが充実しているとは言い難い面がある。

都市ランキングの弊害

このほか指標としての妥当性に疑問があるものとして、人口一人当たりの公園面積があげられる。実際、北海道の市の多くはこの指標が高い。しかし、広大な公園があっても、それが市民に十分利用されていなければサービス水準が高いとはいえない。また、一〇〇世帯当たりの公営住宅数も使われているが、公営住宅は基本的に低所得者向けのものであり、これが多い自治体は旧産炭地などの財政状況が厳しい地域に偏るなど、収集しやすいデータを安易に採用したとしか思えないものもある。住宅・インフラでは、旧産炭地で過疎化が急激に進み、全国の市のなかでも最も人口が少ない歌志内市が二位となっているが、この順位がサービスの充実を反映したものというには疑問が残る。

行政サービス度の総合評価をみると、財政力指数が高いか、あるいは経常収支比率が低くて財政の健全性が高い自治体が上位を占めており、具体的には、大都市周辺の面積も比較的狭い〝コンパクトシティ〟が高い評価を得ている。

この結果を肯定的にとらえるならば、政党や経済界は、むしろ大都市では市町村合併をさせないように取り組むべきではなかっただろうか？

都市ランキングが下がってしまったことで対立候補に厳しく糾弾され、現職市長が落選したケースすらある。西東京市の市長選挙では、マニフェストのトップにデータとして「行政サービス度が二〇〇二年に一五位だったのが二〇〇四年には八一位と総合順位は大幅に低下」と掲げた前都議会議員が現職を破って初当選を飾っている。

首長は、この手のランキングに無関心でいられないのだろう。ランキングを上げることを意識してか、なかには、行政革新度に挙げられている項目をまずは実施せよ、と部下に指令を出す首長もいるようである。

国別ランキングはあてになるのか？

ＩＴ活用度から汚職度、さらには女性の社会進出度まで、さまざまな国別ランキングが作られている。

「IT競争力日本八位　技術開発力に評価」（朝日新聞、二〇〇五年三月一〇日）

「二〇〇五年の日本の汚職清潔度二一位」（トランスペアレンシー・インターナショナル）

「国連『人間の豊かさ』指数　ベスト10に日本届かず　女性の進出度は四三位」（朝日新聞、二〇〇五年九月八日）

国別競争力の中身

これらのランキングにも、多かれ少なかれ都道府県や都市ランキングに関して指摘したのと同様の課題が見られる。

ここでは、マスコミ報道でも大きく取り上げられる「世界競争力報告」の中身を精査する。この調査は、世界の政治指導者や企業トップを集めた「ダボス会議」を主催する世界経済フォーラムが実施したものであり、二〇〇五年は一〇二の国と地域が対象とされた。

このなかで我が国は、国としての総合的な競争力が二〇〇一年に二一位とされたが、二〇

技術力のある国

$0.5 \times$技術力$+ 0.25 \times$公的制度$+ 0.25 \times$マクロ経済環境

技術力のない国

$\frac{1}{3} \times$技術力$+ \frac{1}{3} \times$公的制度$+ \frac{1}{3} \times$マクロ経済環境

〇三年には一一位、二〇〇四年には九位と上昇し、二〇〇五年は一二位であった。さらに、企業の競争力は八位と国別順位を上回った。ちなみに国別の競争力では、一位はフィンランド、二位がアメリカ、三位はスウェーデンの順であった。

国別競争力は、技術力、公的制度、マクロ経済環境の三つの分野から構成される。通常のランキングであれば、これら三つの分野に関して単純平均するのであれ、加重平均するのであれ、国ごとで手法を変えることはない。しかしながら、この国別競争力では、アメリカでの人口当たりの特許取得数を指標に、技術力のある国とない国に分け、双方で異なった重み付けを行っている。ダブルスタンダード（二重の基準）を採用してしまっているのである。

技術力のない国ではすべての分野を平等に扱い、技術力のある国では技術力の重みを他の二倍としている点で異なっている。ちなみに技術力のある国の指標については、次のような体系となっている。

■ 技術力のある国の指標体系

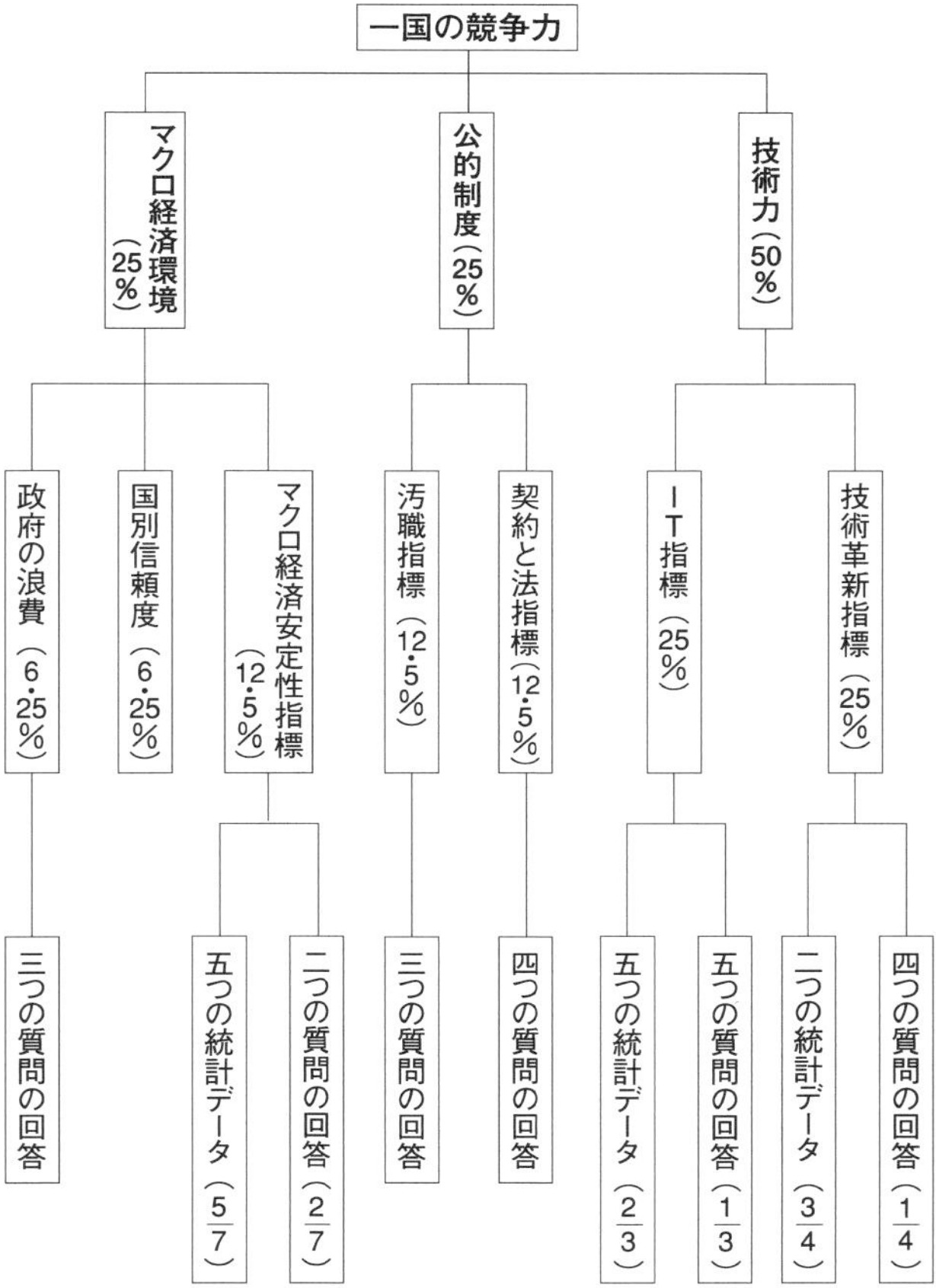

国によって使われるデータが異なる

大変分かりにくい構造となっているが、質問とは、各国の経済界のリーダーへのアンケート調査である。具体的には、「地方大学と経済界の研究開発（R&D）に関する協働はどの程度行われていますか？」「情報通信技術は、政府にとってどの程度の優先順位となっていますか？」「輸出入の許可に関して、贈収賄はどの程度頻繁に行われていますか？」とかなり漠然とした内容になっている。これらには1点から7点までが配点されている。

また、統計データとしては、人口一〇〇万人当たりのアメリカでの特許件数、人口一万人当たりのインターネット利用者数、インフレ率などが使われている。

国別信頼度を統計データに含めれば、質問と統計データはほぼ半々の重み付けとなる。技術力のない国ではこれらの指標の重み付けは異なり、また、技術力がある国では用いていない指標も採用されている。しかも国別競争力の結果は、経済界へのアンケート結果に大きく左右されることになる。また、データの数も三四と決して多いものではない。

国によって重み付けの基準や使うデータが異なり、また、半分程度がアンケート結果によって決まる競争力ランキングを、これが唯一無二の指標であると考えることだけは止めたほうがいいようである。

経済効果の罠

「二〇〇二年ワールドカップの経済波及効果は三兆三〇〇〇億円に」（電通ほか）
「愛知万博の経済効果は七兆七一五一億円」（財団法人二〇〇五年日本博覧会協会）
「総選挙の経済波及効果は二二二七億円？」（第一生命経済研究所）

新聞紙上を賑わす経済波及効果の数字は威勢がいい。このような数字が発表されるだけで、気分的に「景気が良くなる」といった心理的な要因も無視できないだろう。イベントや企業誘致のたびにシンクタンクや行政機関から公表される経済効果とは、イベント等が開催された場合に、それが経済に与える影響を金額で表したものである。この数字はあくまで予測されるものであり、実際にどの程度効果があったかを事後的に測定されることは少ない。

また、これらの数字はどれだけのお金がフローとして動くかを表したものであって、実際に新たな富が生まれたとは限らない点に注意が必要である。

間接的な効果も含まれる

経済効果のデータはあくまで一つの試算であって、直接的な効果だけでなく、間接的な効果も数多く含まれているケースが多い。

例えば二〇〇二年の日韓共催によるワールドカップでは、日本国内の建設投資と消費支出の合計が一兆四一八八億円と推計された。そして、投資や消費が新たな経済活動を誘発する結果、その額の二・三三倍に当たる三兆三〇四九億円の生産が生み出され、このうち雇用所得は九二〇〇億円ほどになるとされている。なお、この推測は日本がベスト8に進出した場合の推計値である。このほか、出場国のキャンプ地となった地方自治体などでも同様の推計を発表し、ワールドカップの開催が建設、商業、輸送、観光などさまざまな分野に多大な経済効果を及ぼすと見込んでいた。

一般的に、経済効果は直接効果と間接効果に分けられる。直接効果とは、イベント等に直接関係する投資や消費のことで、スタジアムの建設費や観客の宿泊費などである。間接効果には、例えばスタジアム建設で、建設会社が資材を調達する建設資材会社に発生する需要や、スタジアム建設で労働者の労働時間が増え、したがって所得増加がレジャーや外食費の増加につながるといった間接的なものが含まれている。これらの効果を、産業連関表（産業間の取引をまとめたもの）などを用いて試算している。

マイナス部分はほとんど考慮されないバラ色の予測

三兆円を超える経済効果というのは大変魅力的であったが、実際にはどうだったのだろうか？　ワールドカップ開催前には、このような景気のいい数字があちこちで発表されていたが、終了後、どの程度の効果があったのか、特に評価はされていないようである。

日本が決勝トーナメントに進出したこともあり、日本戦をはじめとする好カードの視聴率は高く、スポーツバーなどが大盛況だったのは事実である。また、テレビ観戦のためにピザなどの宅配業も大忙しだったようであるが、街に人通りはほとんどなく、タクシーは空車ばかりで、テレビを備えていない店もがらがらだった。このようなマイナスの部分はほとんど考慮されていなかっただろう。

経済効果というのは、どうもプラスの部分ばかりを、それもかなり楽天的に推測し、多少なりとも関係しそうなものを全部加えてはじき出した数字というのが実態のようである。最初に触れた二〇〇五年の総選挙における試算では、次のようになっている。

一一日に投開票される総選挙の経済波及効果は二二二七億円？——。第一生命経済研究所が、候補者や地方自治体の支出の波及効果を試算した。名目国内総生産で0・1%分の押し上げ効果がある試算だが、逆にレジャー支出などが抑えられる可能性もあるという。

今回の衆院選に立候補しているのは一一三一人で、昨年の参院選の約四倍。候補者一人あたりの支出額が昨年の参院選並みと仮定すると、支出合計は約一四〇億円。それが事務所費用や人件費、印刷費、広告費などで関連産業を潤す経済波及効果は三五三億円になるという。

さらに、投票所の経費や選挙公報の発行費など地方自治体の関連経費は約七六九億円で、その波及効果は一八七四億円。

（朝日新聞、二〇〇五年九月一一日）

この記事にも書かれているように、選挙があるために秋の行楽を控えた人も少なからずいただろう。そもそも、本来の任期が四年あるにもかかわらず、半分にも満たない時期に解散してしまったということは、それだけ選挙関係経費が余計にかかったことを意味している。国政選挙に関する経費は、全額税金である。民意を問うことは重要ではあるが、安易な解散で税金が余計に使われたという実態にも目を向ける必要があるだろう。

いずれにしても、経済効果というのはイベントを推進する側には大変魅力的ではあるが、一定の前提に基づいて試算しているものであって、往々にしてバラ色の予測になりやすい。この点を冷静に見極めることが肝要である。

需要予測も眉唾もの

経済効果と同様に眉唾ものが多いのが、利用者数など、事業に関する需要予測である。特に右肩上がりの経済成長の時代に計画された事業のなかには、過大な見込みが立てられ、その後の破綻を招いたものも少なからずある。また、近年の経済情勢の動向も災いし、特に第三セクターに関しては各地で破綻が続いている。事業を実施したいという行政側の意向を、シンクタンク側が、需要予測に関する調査結果の内容に反映させることは少なくない。政策研究大学院大学福井秀夫教授の「官庁が使うコンサルタントは『いかようにも結論を出します』と豪語している。事業を正当化したい官庁と、受注が欲しいコンサルタントによる茶番に過ぎない」（日本経済新聞、二〇〇二年一二月六日）というコメントがこのことを如実に物語っている。需要予測値が、事業が成功するか否かを客観的に判断する材料としてではなく、目的達成の道具と化しているのである。需要予測が大ハズレのケースは挙げればきりがない。本州と四国を結ぶ三本のルート、東京湾を横断する東京湾アクアライン、そして各地の高速道路や空港の類である。

例えば、島根県で三つ目となった石見空港は、二〇〇〇年度の利用見込み客は五〇万八〇〇〇人だったのに対して、実績は一四万七〇〇〇人と、需要予測の三割にも達していない。これでは、〝竹下・青木〟空港と言われかねないのである。

需要予測の妥当性を、第三者機関などによって計画段階からしっかりと検証し、二度と失敗を繰り返さないようにしなければならないのである。

企業の調査は大丈夫か？

調査を行うのは行政機関だけではない。むしろ、民間の調査機関のほうが企業活動に役立てるためにさまざまな調査を行っている。

例えば、社団法人日本能率協会は、成果主義に関する調査結果を二〇〇五年二月二二日に発表している。これによれば、主なポイントとして、以下の点が明らかにされている。

○成果主義を導入している企業は全体の八割以上、導入の効果は三〜四年で表われる
○人事部・部門トップは成果主義導入の効果を認めているが、従業員の認識は低い
○成果主義導入による長期的なチャレンジ、職場の協力的雰囲気、評価結果の納得性へのマイナス影響はみられない
○従業員に成果主義導入の目的は理解されていない
○人事部も成果主義的人事制度の運用で、理想と現実のギャップに悩む
○従業員からみると、経営トップは成果主義の対象になっていない

このポイントをみる限りでは、成果主義は多くの企業で導入されており、また人事部門では効果を認めているものの、従業員には浸透しきっていないように理解できる。

しかしながら、回答率等をみると、本当に多くの企業が導入しているのかについて、疑問の余地が残る。

回答率の低い調査は額面どおり受け取れない

調査対象は、全国の上場企業と非上場企業に対し、一社当たり部門トップ用調査票（一

通）、人事部用調査票（一通）、及び従業員用調査票（五〇通）を郵送で配布したものであり、配布数は一三三五社だった。

有効回答数と回答率は、人事部で二二七社、17・1％、部門トップで二一六社、16・3％、従業員で二〇七社、七四一三人、15・6％だった。また、分析の対象は、成果主義の導入の有無に関する回答を除いて、人事部・部門トップ両方の回答が得られ、かつ従業員五通以上の回答が得られた一八〇社とされている。

結局のところ、成果主義の導入の有無に関しては、人事部から回答のあった二二七社のみが対象となった。導入しているという企業は一八九社（83・3％）であったが、回答を寄せなかった一〇九八社（一三三五社の82・9％）も同様の傾向を示しているのだろうか？ 回答しなかった企業も回答した企業と同様の傾向があると考えれば、成果主義は八割以上の企業に導入されたと結論づけられるだろうが、実際はどうだろうか。

成果主義に否定的で、導入に関しては消極的な企業ほど回答を控えたと考えれば、八割以上が導入と結論づけるのは早計だろう。仮に、回答しなかった企業のうち四割だけが成果主義を導入していたとしても、合計で47・4％にとどまり、導入した企業は半数にも満たないことになる。

人によって意見は分かれるだろうが、私個人は後者の可能性のほうが高いのではないかと考える。

人事部や部門トップに比べると、従業員の成果主義に関する評価は著しく低くなっているが、この点でも考え方は分かれるだろう。回答した従業員は、特に成果主義に対して不満が強かったために積極的に返送したのであって、回答しなかった従業員は、消極的ながらも成果主義には賛成、あるいはあまり成果主義には関心がない層が中心であったかもしれない。そうであれば、この調査結果が示すほど、従業員は成果主義に嫌悪感を持っていないのかもしれない。

いずれにしても、回収率が低い調査結果は、額面どおり受け取ることはできないのである。

回答率わずか5・4%

これは、他の企業調査でも同様である。人事・労務問題専門のシンクタンクである産労総合研究所の調査によれば、社長の平均年収は三二〇〇万円で、取締役の二・四倍という結果が公表されている（共同通信、二〇〇五年八月二二日）。調査は大企業から中小企業まで三五〇〇社を対象に実施され、一八九社（上場八八社、未上場一〇一社）から回答があったとされているが、これでは回答率はわずか5・4％である。約一九社に一社しか回答していない計算になるが、回答しなかった残りの一八社は平均よりも高いのだろうか、あるいは低いのだろうか？

推測の域は出ないが、回答をためらった企業のほうが報酬は低いのではないだろうか？日本能率協会の調査にしても、産労総合研究所の調査にしても、具体的にどのような規模の企業を対象としたかも明確ではない。

回答率が低くてもなんらかの分析結果を出さなければ、使った経費は無駄になってしまうから、このような形の公表となったことはある程度は理解できるが、かなり回答率が低いこともあり、結果について断定的な言い方は避けるべきだろう。

調査結果をどのように解釈するかは、結局のところ、我々一人一人のデータを読み込む力にかかっている。繰り返しになるが、単に結果だけでなく、調査方法や対象者、回答率などもよく吟味《ぎんみ》したうえで、その信憑性を判断すべきである。

第三章　偽装されたデータ？

平均信仰の罠

統計という言葉を聞くと拒否反応を示す人も多い。難解な概念、複雑な計算式、多量の数的データなど、数字や数式の羅列で頭が混乱してしまうというのもうなずける。また、私が勤務する法学部でも、数学そのものに対して苦手意識を持つ学生が多い。だが、統計というものをうまく活用すれば、世の中のさまざまなことが見えてくるのであり、無味乾燥とも思える各種の統計データも、分析次第で大いに役に立つのである。

「数十年前までの統計の主な仕事は情報の収集とその効率的な記述であった。しかし近年の統計の仕事はむしろ情報の分析とその意思決定における利用に重点がおかれている。限られた不確実な情報に基づいて意思決定が行なわれるとき、この役割は特に重大である」（森田優三『新統計概論』日本評論社、一九七四年）という、三〇年以上前に刊行された統計に関する教科書の序章のくだりは、現在でも十分あてはまる。

その一方で、統計の基本的な知識を欠いたまま、誤った加工をデータに施し、事実を誤解してしまうケースも少なからず見受けられる。あるいは、意図的にデータを悪用して事実をねじ曲げているとしかいいようのないケースもある。メディアや官公庁、企業が提供するさまざまな統計を鵜呑みにすることで、時として誤った方向へ進んでしまうこともありうるのである。そのような事態を避けるためにも、データの罠に気がつくスキルを、日頃から身につけておくことが大切である。

平均値という一つのデータで判断してはいけない

日本人はとかく平均志向が強いといわれている。雑誌などに載っている〝何か〟の平均回数や平均額と、自分自身の数値がずれていると不安になりがちである。ある意味、平均値を理想値化しているきらいもある。平均というのは膨大なデータの持つ性格をたった一つの値で示してくれる便利なものではあるが、平均だけですべてを判断するのは禁物である。平均には、すべてのデータを対等に扱う単純平均と、個々のデータによってウエイトが異なる加重平均に分けられるが、一般的には、個々のデータの総和をデータ数で割った単純平均が用いられる。

例えば、総務省が家計調査のなかで毎年発表する勤労者世帯の平均貯蓄額（二〇〇四年末）は、一二七三万円となっている。この値を聞くと、たいていの人は、我が家の貯蓄は平均よりかなり少ないのではないかと心配になってしまうだろう。全体の分布をみた時、平均額のあたりに最も多くの世帯が位置し、左右に行くにしたがって世帯数が減っていく富士山型とでもいうような形になっていれば、確かにそのような心配ももっともである。しかし実際には、貯蓄額が多くなるにつれて徐々に世帯数が減少していくような形の分布になっている。

日本人の多くは平均貯蓄額ほどの蓄えを持っておらず、ミキタニさんやソンさんといった一部の億万長者の貯蓄額に引っ張られて、庶民の相場観より高い平均値となっているのである。

データの値を大きさの順番に並べたときに、真ん中にくるメディアン（中位数。一〇〇人いれば五〇番目と五一番目の平均）は八〇五万円であるが、最も多い度数（モード）が二〇

■ 勤労者世帯の貯蓄現在高階級別世帯分布

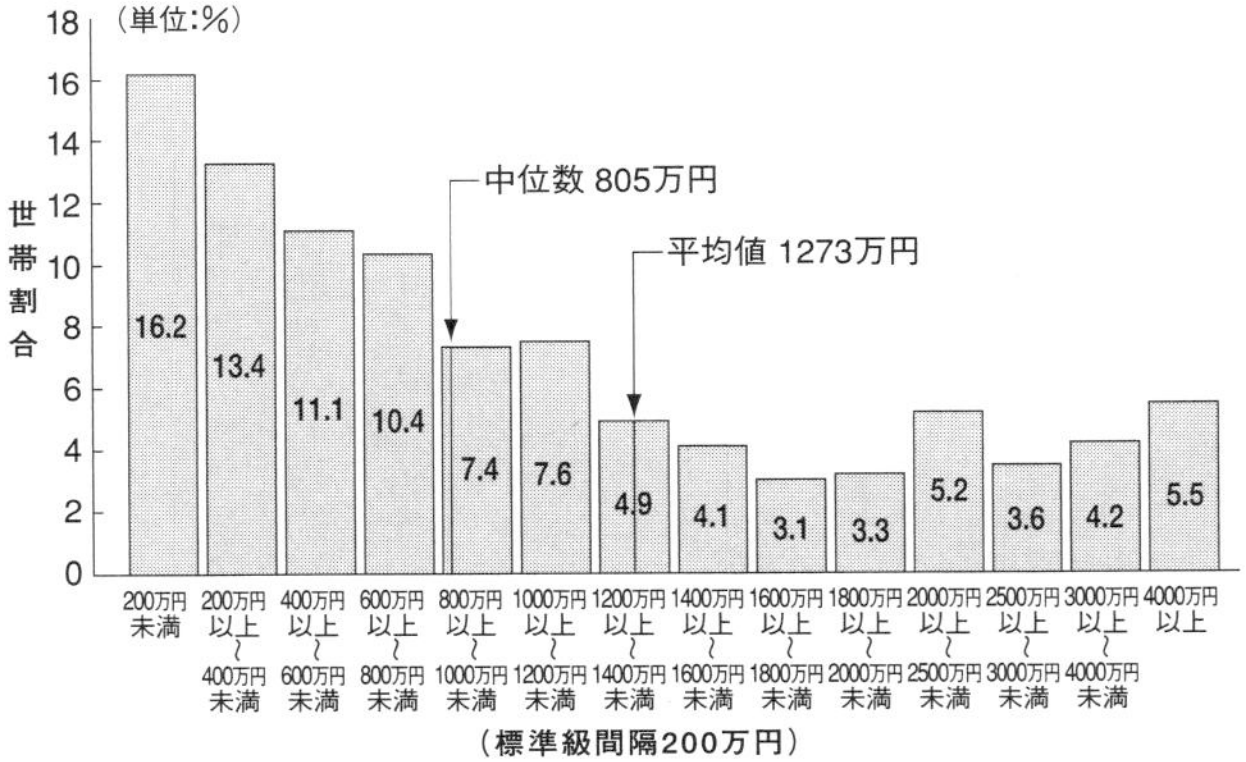

総務省『家計調査 2004年』

○万円未満で16・2%と、約六世帯に一世帯はわずかの貯蓄しかないのである。また、平均以下の世帯は67・9%と全体の三分の二を占めている。その一方で、貯蓄額が二〇〇〇万円以上の世帯は18・5%、さらには四〇〇〇万円以上が5・5%となっている。このなかには億単位の貯蓄を有する世帯も少なからず含まれているであろう。

データの視覚化が大切

このように平均値という一つのデータだけで、物事を判断してはいけないのである。

データの特徴や特性をとらえるには、目で見るのが一番手軽で確実な方法である。平均値の計算よりもヒストグラム（度数分布を表すグラフ）で分布の状態を見たほうが偏りのない情報を手に入れることができる。さらにデータの散らばりを表す散布図なら、より多くの情報を読み取ることができる。

データ分析に統計の基礎的な知識は必要であるが、難しい数式を計算する前に、データの視覚化によってその個性を見つけることが先決である。

例えば、市を五つの地区に分けて、それぞれの地区からの市政に対する要望件数を比較するのなら、量の大小比較に適した棒グラフにすれば、どこの地区が図抜けているかなどがよく分かる。また、地区によって要望の内容に差異があるのかを比較するのなら、比率やパーセントの比較に適した帯グラフや円グラフを用いると違いが分かりやすい。

農産物の生産高の推移については、時系列データの比較に適した折れ線グラフを用いればよく、貯蓄額のようにデータの分布の形がみたいときにはヒストグラムが適している。このほか、散布図やレーダーチャートなども、データの種類などによってうまく使い分けるとよい。いずれにしても、まずは視覚化によってデータの〝雰囲気〟をよく感じ取ることが大事である。

日本人の英語力はそんなに低いのか？

ゆとり教育が見直しを迫られている。二〇〇二年度の新学習指導要領や全国一律で導入された学校週五日制によって、学校の授業時間数は数学や国語など従来科目を中心に大幅に削られた。そして、二〇〇四年一二月に公表されたＯＥＣＤ（経済協力開発機構）による生徒の学習到達度調査の結果は、教育関係者に衝撃を与えるものであった。特に一五歳の読解力が、前回の八位から一四位へと加盟国平均水準にまで低下している。

読解力以上に以前から問題視されているのが、日本人の英語力の弱さである。中学校、高等学校と国民の多くが六年間も英語教育を受けていながら、大多数は英語下手であるとさまざまな識者によって指摘されている。そしてその根拠の一つとしてよく引用されるのが、ＴＯＥＦＬ（Test of English as a Foreign Language）の英語試験の結果に関する国際

■ TOEFLの国別結果（2004－05年）

	平均値	順　位	受験者数
シンガポール	254	1	277
インド	244	2	42,238
⋮	⋮	⋮	⋮
中国	215	14	17,963
韓国	215	14	102,340
⋮	⋮	⋮	⋮
ベトナム	204	22	1,876
ラオス	204	22	41
⋮	⋮	⋮	⋮
日本	191	28	82,438
北朝鮮	190	29	4,778

ETS「Test and Score Data Summary 2004-05」

比較である。アジアのなかでも最下位レベルで、北朝鮮と常にビリを争っているというような現状に対して歯がゆい思いをしている人は少なからずいるだろう。

確かに受験者の国別得点をみると、毎回惨憺《さんたん》たる結果となっている。アジア諸国のなかでの順位をみると、二四ヵ国中二二位（一九九一～九三年、いずれも七月から翌年六月までに実施された結果。以下同様）、二七ヵ国中二三位（九三～九五年）、二五ヵ国中二〇位（九五～九六年）、同二三位（九六～九七年）、同二四位（九七～九八年）、二三ヵ国中二一位（九八～九九年）、同二二位（九九～二〇〇一年）、三〇ヵ国中二九位（二〇〇一〜〇二年)、同二八位(二〇〇二〜〇三年)、二九ヵ国中二八位(二〇〇三〜〇五年)となっている。

特に九七年七月から九八年六月にかけては、二五ヵ国中二四位だったが、これは北朝鮮と同得点で、実際は最下位であった。また、日本より下位になったことのある国や地域は、北朝鮮のほかは、ラオス、モンゴル、バングラデシュ、タイ、マカオとその顔ぶれも固定している。

このような惨めな結果が一〇年以上も続けば、やはり日本人は英語ができないのかと嘆くのも無理ないのかもしれない。多くの識者も自虐的な意見を述べているが、そのなかでも典型的な声として、政府税制調査会長を務める一橋大学石弘光教授のコメントを引用させていただく。

このように英語力の向上に関心が高まっている中で、一九九七〜九八年のTOEFLの点数で見て、日本はアジア二五ヵ国の中で北朝鮮と並んで最下位になったというショッキングな結果が報道されている。TOEFLは非英語圏の人々が、アメリカやカナダの大学に入学しようとするときに必要なもので、いわば国際的な英語能力テストである。国際比較が可能なだけに、この点数が低いということは即国際的に見て英語力が劣ると見なさざるをえない。世界一六九ヵ国で見ると、日本の成績は実に一五五位という屈辱的な地位におかれている。最近大学のキャンパスで見る限り、日本人の中で海外経験も増えまた帰国子女の数も増えたこともあり、英語を自由にこなせる教官層や学生も以前よりも大幅に増大している。しかしこれはあくまで特殊な状況で、一般にはTOEFLの低い点数が示すように、日本人全体の英語力は国際的に見て最低の部類なのだろう。

（『大学はどこへ行く』講談社現代新書、二〇〇二年、傍線筆者）

それでは本当に、平均的な日本人の英語力は世界的にはこの程度のものなのだろうか？

本当に世界最低レベルなのか

私自身もこの本を読んだときは、日本人の英語力はやはりその程度なのだと思ってしまった。その一方で、本当にそうなのかと疑う気持ちもあった。そこで実際どうなっているのか、TOEFLのデータをもう少し詳しく調べてみると、単純に日本人の英語力を世界最低レベルと決めつけるのはどうも早計ではないか、と考えるようになったのである。

石教授のコメントの傍線部が正しいというためには、各国の受験者の質が同程度である必要がある。厳密には、各国から無作為に抽出した同じ年代の一定数の受験者の結果によって比較しないことには、どこの国の英語力が高いか低いかということは正確には分からないのである。

TOEFLでの成績は、英語圏の大学への留学のための基準ともなっているものである。社会人による大学院入学も考慮すれば、おおむね国民のなかの一八歳から三〇歳ぐらいまでを母集団とするのが妥当だろう。そして、TOEFLの試験は本人が出願して受けるものであり、無作為抽出によって約四七〇〇人の高校一年生を選んでいる学習到達度調査とはまったく異なる。あくまでも受けたい人が受験しているのであり、また、国によっても受験者数は大きく異なっている。実は受験者数に関しては、毎年トップは日本で、多い年には一〇万人を超えることもあった。近年は韓国に抜かれるようになったが、それでも二番目である。アジアに限ると、韓国、日本、インド、台湾、中国と一万人を超える受験者の国がある一方で、ブルネイ（七人）、モルジブ（一三人）など、二〇人に満たない国もある（二〇〇四〜〇五年）。

ＴＯＥＦＬの試験を受けるためには、一四〇ドルの受験料が必要とされている。例えば受験者数が四一人のラオスの人口は約五〇〇万、ＡＳＥＡＮ諸国のなかでは最貧国の一つに位置づけられており、公務員の初任給は月二〇ドル程度ともいわれている。このような高額な受験料を支払ってまでＴＯＥＦＬを受験するのは、ラオスのような途上国では留学の必要に迫られた政府職員などごく一部に限られてしまう。当然のことながら、少ないチャンスをものにするために、受験に際して死に物狂いで勉強していることは想像に難くない。

その一方で、日本では学校によっては、すべての学生に強制的に受験させるところもあるように、さまざまな層が受験している。留学を気軽に考えている受験者も少なからず含まれているだろう。このような受験者層の差や受験者総数（国民に占める割合）を考慮すれば、日本人の英語能力はアジア最下位クラスと断定してしまうのはあまりにも自虐的だ。少なくとも、ラオスやカンボジアなどより低いことはありえないだろう。

あるいは、日本に関しては平均的な国民の英語力を示していると仮にいえたとしても、比較の対象としているアジア諸国の受験者の多くは、エリート層にほぼ限定されていて、比べること自体に無理がある。

では、従来型の文法や読解中心の英語教育の弊害により、日本人のリスニングや会話能力が極端に悪く、このような低い点数となっている（裏を返せば文法や読解力はそれなりの点数を取っているはずだ）といえるのだろうか？

文法、読解でも劣っている

TOEFLの試験は、リスニング、文法・作文及び読解の三部門に分かれており、同じウエイトになっている。合計点は300点満点となる。もし、従来から指摘されているように、これまでの日本における英語教育の弊害によって、実用的な英語、すなわち会話力が劣っているのであれば、リスニングの部門は他の二部門に比べて相当点数が悪くなっていてもおかしくはない。そこで、TOEFLの三部門のスコアについて、二〇〇四〜〇五年の結果をまとめたのが次頁の表である。なお、この表では、各部門の最高点は30点とし

■ TOEFLのスコア（2004－05年）

	リスニング	文法・作文	読　解
日　本	18	19	20
韓　国	21	21	22
中　国	20	22	22
世界平均	20.9	21.6	21.8

ETS「Test and Score Data Summary 2004-05」

ている。

日本と韓国、中国を比較すると、リスニングでも多少差をつけられているが、文法・作文や読解でもほぼ同様の差がついている。また、この傾向は平均と比較しても、過去に遡《さかのぼ》っても同様である。つまり、日本人のTOEFLのスコアが低いのはリスニングだけでなく、文法・作文や読解の分野でも同様なのである。そうなると、これまでの英語教育すべてに問題があったことになってくる。

どのような者が受験しているのかについて、国ごとに、属性（年齢、学歴など）に関する詳細なデータや、平均点だけでなく、データの散らばり具合（分散やモード、メディアンなど）をみなければ、確たることは何もいえない。もちろん、このTOEFLのデータ自体はそのとおりであり、なんの偽りもないのだが、どのようにデータを解釈すべきかについては慎重でなければならない。

実際のところは、受験者の質が国によって相当程度異なるため、このような結果になっているのであって、本当に英語力が劣るか否かについては更なる精査が必要である。

少なくとも、単純に日本人の英語力はアジア最低クラスと、ＴＯＥＦＬの結果のみをもって自嘲《じちよう》するのだけはやめようではないか。

本当の実力は？

英語圏の大学へ留学する際の、英語力の目安となるのがＴＯＥＦＬであるが、英語によるコミュニケーション能力を幅広く評価する世界共通のテストとして、特にビジネスの分野で重宝されているのがＴＯＥＩＣ（Test of English for International Communication）である。

■ 出身国別TOEICの平均点（1997−98年）

国	順位	人数	リスニング	リーディング	合計
ドイツ	1	615	428	360	788
韓国	14	405,822	250	230	480
日本	16	862,509	246	206	451

ETS「Report on Test-Takers Worldwide 1997-98」

現在では約六〇ヵ国で実施されており、年間の受験者は四〇〇万人を超えている。リスニングとリーディング各四九五点満点で、トータル九九〇点満点となっている。日本では、個人が受ける公開テストのほか、企業や学校単位で受験する団体特別受験制度（IPテスト　IP：Institutional Program）の二種類がある。公開テストは決められた日時・場所で受験するものであるが、IPテストは企業などが任意に日時・場所を設定のうえ試験を行うものである。

TOEICに関しても国際比較が行われているが、マスコミなどでは、むしろTOEFLの結果のほうに注目しているようである。実はTOEICもTOEFL同様、主催しているのはETS（Educational Testing Service）である。ここでは、一九九七年から九八年までの結果（二年分）と、二〇〇四年の結果を比較する。

九七年から九八年までの結果によれば、受験者が五〇〇人を超

■ 出身国別TOEICの平均点（2004年）

国	順位	人数	リスニング	リーディング	合計
フィリピン	1	1,777	427	380	807
韓国	19	161,274	289	252	541
日本	21	772,443	255	199	454
サウジアラビア	23	1,176	252	157	409

ETS「Report on Test Takers Worldwide-2004」

えた一六ヵ国中、日本は最下位の451点であった。一番高かったのがドイツの788点であり、韓国は480点（一四位）となっていた。国によって受験者数は相当程度違いがあり、四万人以上の受験者がいたのは日本と韓国、フランスだけである。全体からみると、日本が62・7％、韓国が29・5％を占めている。また、日本と韓国を比較するとリスニングよりもリーディングで大きく差がついている。受験者の傾向はTOEFLと同様である。TOEICの結果についても、国ごとの受験者の質などについて十分吟味しないといけないようである。

あくまで受験者の国別平均点にすぎない

二〇〇四年の結果は二三ヵ国中二一位、韓国は一九位、最下位はサウジアラビアであった。ここでも日本と韓国を比較すると、リスニングでは34点の差であったが、リーディングでは53

点とその差が開いている。

ＴＯＥＩＣの国際比較で用いられているのは、日本の場合、ＩＰテストの結果のみである。これはＥＴＳの調査が、受験者の職種などさまざまな属性と試験結果をクロス分析させることを主眼としており、そのようなデータが活用できるのは日本の場合、ＩＰテストに限られるためと思われる。諸外国の受験者は日本のような団体受験ではなく、そのほとんどが個人の自発的意思に基づいて受験しているのだろう。

その反対に、ＩＰテストは、会社や学校によって半ば強制的に受験させられる人が少なくないと思われる。試験のために英語の勉強をしっかりやっている人もいるだろうが、まったく準備せずに受ける者もいるであろう。受験者数の違い以上に、対象者の質が相当程度異なっていることも考えられる。国別の平均点の結果から、日本人の英語力はこの程度である、と評価するのはやはり公平ではないだろう。

公開テストの受験者数はＩＰテストの八割程度であり、平均点は公開テストのほうがはるかに高い。ＩＰテストの平均点が４４０点台を低迷しているのに対して、公開テストの場合、５６０点台から５７０点台となる。

■ 日本におけるTOEICの受験者に関するデータ（2004年度）

試験区分	受験者数（人）	リスニング（点）	リーディング（点）	合　計（点）
公開テスト	577,695	312	254	566
IPテスト	754,007	252	196	448

財団法人国際ビジネスコミュニケーション協会TOEIC運営委員会「TOEICテストDATA &ANALYSIS 2004」

年と年度の違いがあるため、多少数値は異なっているが、日本のデータを公開テストの結果に差し替えれば、中国、韓国を抜いて一八位となる。上位の国のほとんどは受験者数が数百人から数千人程度であることを考慮すれば、決して日本の順位は低いほうではない。フィリピンやシンガポールなど英語を公用語とする国を除けば、アジアのなかでは上位に位置する。

以上、TOEFLとTOEICの結果に関する国際比較を、さまざまな角度から検証してみた。単純に公表されている順位が、それぞれの国の平均的な英語力を表すものではないことだけはご理解いただけたであろう。

結果は、あくまでもそれぞれの試験を受けた者の国別の平均点であって、それが各国の青年の平均的な英語力を示すものではない。

それは、国ごとの受験者数の違いや受験料の高さを考慮すれば当然といえよう。

同じ土俵にないもの同士の比較で悲観する必要はない

それでは日本人の平均的な英語力はどの程度なのか。対象者の層を同一にし、無作為抽出等の客観的な手法による国際比較調査を行わない限りは、正確に分かるものではないが、TOEFLやTOEICのIPテストの結果と、あまり変わらないのかもしれない。TOEICのIPテストは高校や大学、企業など幅広いところで実施されており、この結果は平均像に近似していると考えられる。

繰り返しになるが、日本以外の国々のTOEFLやTOEICの平均点が、それぞれの国の人々の平均的な英語力を示していることはありえない。相当の額の受験料を払ってまで受けようとする、あくまでも英語力向上に意欲のある人々、あるいは試験を受ける必要に迫られた人々の平均点と考えるのが無難である。

同じ土俵にないもの同士を比較して、結果が悪いからと悲観する必要はさらさらないのである。もちろん、TOEICやTOEFLのテストは、個人レベルでは各自の英語力を測る客観的な物差しであり、英語力を伸ばしたい人は積極的に受けることが望ましいものである。いずれにしても、単純に国別の結果だけをみて過度に悲観的になる必要はまったくない。

在日米軍の事件・事故は少ないのか？

世の中に氾濫するデータのなかには、いい加減なものや根拠が不明で評価できないものなどさまざまある。例えば、交通事故なども含めた事件の発生率では、沖縄の米軍のほうが沖縄県民よりも低い、との外務省沖縄担当大使の発言が、新聞記事となっていた。この記事の全文は以下のとおりである。

十六日に沖縄から離任する外務省の橋本宏沖縄担当大使は十四日の定例記者会見で、

米軍の事件事故の増加傾向を認めながらも「最近では一人当たりの事件発生率では在沖縄米軍の方が沖縄県民より低くなっている」と発言した。大使は、沖縄県警の把握する数字や県民の人口などを基に計算したとしつつも具体的な数字は示さず、結論だけを述べた。また、米軍の事件発生率について「米軍キャンプの中の事件数は含まれていないが、傾向を把握し適切な措置をとる意味では重要だと思う」とデータの有効性を主張した。

（日本経済新聞、二〇〇三年一月一五日）

反米感情の高まりを抑えたいという思惑

記事によれば、この大使は具体的な数字を示さず、結論だけを述べたとされている。近時、沖縄県における米軍人による死亡交通事故や婦女暴行等の凶悪犯罪が数多く報じられていることに対して、反米感情の高まりを抑えたいという思惑が働いたことは容易に想像できる。だが、冷静に考えてみると疑問点がいくつか浮かぶ。そもそも具体的な数字を示さずに、高いとか低いとかを論じること自体、比較の名に値しないナンセンスなものである。さらに、この記事に書かれた大使の発言からも明らかなように、米軍キャンプのなかでの事件・事故数は含まれていない。

沖縄県民に関してはいつ、どこで起こした事件・事故であろうと統計に含まれているが、米軍人に関しては、キャンプ外での事件・事故しか含まれていないのである。また、事件・事故のうち、大部分は交通事故で、ごく一部が刑法犯であると推測されるが、米軍人は勤務時間中のほとんどはキャンプ内で業務に就き、また、勤務時間外でも少なからずキャンプ内で生活を送っている。県民は、二四時間三六五日のすべてを対象とされているのに対して、米軍人は、キャンプの外に出たわずかな時間のみを対象として、一人当たりの事故や事件が少ない、といっているのである。これもまた、同じ土俵の比較ではないため、大使の主張はまったく意味をなさない。

そもそも交通事故の比率を比べるときは、単に何人当たりで何件事故を起こしているかをいうだけでなく、運転の頻度ごとに、例えば、毎日運転する人とサンデードライバーとを分けて、それぞれについて原因を究明する必要があるとされている。この大使の発言は、あたかも毎日運転する人（沖縄県民）とサンデードライバー（米軍人）を比較して、サンデードライバーの事故率のほうが低いと主張するのとなんら変わりはない。

当然のことながら、毎日運転する人のほうが事故率は高くなるわけで、大使はなぜサンデードライバーのほうが低いという当たり前のことを、記者会見でわざわざ発言したのだろうか？

ここまでして同胞の沖縄県民ではなく、米軍をかばう外務省の姿勢はまさに対米追随外交そのものであり、情けないの一言に尽きる。

事件・事故の数を誇張

確かに在日米軍の起こした事件・事故に関してのデータはほとんど表に出てこない。そんななかで、二〇〇五年七月二日の「赤旗」には、「在日米軍　事件・事故二〇万件超」と大きな見出しが掲げられていた。記事によれば、防衛施設庁が把握している件数を日本共産党の国会議員が資料要求して明らかになったものであり、二〇〇〇年以降は、毎年一七〇〇件から二〇〇〇件余で推移している。

不完全ながらもデータが明らかになった点は評価できるが、記事の対象になっているのは一九五二年から二〇〇四年まで、五三年間もの期間の総数で、特に朝鮮戦争直後の多数の米軍人が滞在し、事故件数が年間一万件を超えていた時期も含まれている。確かに件数は少なくはないと考えられるが、単に件数だけで、米軍人一人当たりでどの程度起きていたかといった、客観的に比較しうるデータが示されているわけではない。また、二〇万という大きな数字を示すことで事件・事故の数を誇張しているきらいもある。

どちらの記事も、本当に在日米軍の事故が多いのか少ないのかを判断するうえでは、五十歩百歩である。外交上、あるいは安全保障上公表しにくい部分もあるだろうが、国民の信頼を得るうえでも、客観的な情報の提供が強く望まれるのである。

一〇〇歳以上の高齢者はいったい何人いるのか？

毎年九月一五日は敬老の日と決まっていたが、祝日法の改正によって九月の第三月曜日に移動してしまった。二〇〇五年の敬老の日（九月一九日）に先立って、厚生労働省では一〇〇歳以上の高齢者に関する長寿番付を九月一三日に発表したが、その直後、データの信憑性に疑問が投げかけられ、再調査が行われた。

一三日には二万五六〇六人と公表したが、翌日には三八人多かったと訂正するとともに再調査を行った。その結果、さらに一四人多かったことが判明し、結果として二万五五五四人と訂正された。

最終的に五二人多く発表されたわけであるが、このうち三七人については、公表前に厚生労働省に訂正が入っていたにもかかわらず、修正を行わなかったとのことであるから、厚生労働省のミスだろう。

そのほかの一五人については地方自治体側の報告ミスに尽きるが、その内容は集計ミスから、すでに死亡していた高齢者を加えていたというものまで、どちらかというと単純なものばかりではある。このようなミスは行政に対する信頼を損ねるものではあるが、結果として二万五〇〇〇人余に対して一五人の誤差は、0・06%ということになる。

諸外国に比べるとはるかに小さい誤差

これを重大なミスととるべきか、それともこの程度の誤差はたいしたことがないと、問題視しなくていいのだろうか。

もしかすると多くの日本人は、この手のデータに関して寸分の間違いも許さない、という態度なのかもしれない。あるいは、税金で賄われている行政機関が調査を行っている以上、間違えること自体が税金の無駄遣いと糾弾されるかもしれない。

しかしながら、ミスがあったとはいえ、毎年このように、ほぼ正確にデータを把握することができているのは、ある意味では凄いことだと評価してもいいのではないだろうか。例えば、人口に関するデータ一つとってみても、一人っ子政策の結果戸籍に掲載しなかった子供が多数いる中国や、膨大な人口をかかえるインドなどでは、統計上の数値が一割程度は実態と異なっているとの指摘もある。ハリケーン・カトリーナの大被害を受けたアメリカでは、被災後、半月以上経過しても正確な死者数や行方不明者数は判明していなかった。

実は日本ほど統計が正確な国はないと、一般的にはいわれているのである。もちろん、先に述べたような調査上、あるいは集計上の誤差などはあるものの、諸外国と比べるとはるかに小さく、まさに誤差の範囲といってもいい場合が少なくない。統計関係職員や委託を受けた民間の調査員の努力はもちろんのことではあるが、統計調査に大多数の国民が理解を示しているというのも大きな理由となっているのではないだろうか。

年金支給の妥当性とデータ

そのようにして収集される貴重な統計データではあるが、プライバシー意識の高まりとともに調査拒否をする人が増えている。国勢調査でも、調査拒否世帯の割合が無視できない程度にまで増えているとの指摘がある。だが、国民の生活様式やさまざまな事象に関する認識、問題意識などを把握し、必要な政策を選択するためにも、正確な調査は欠かすことができない。

一〇〇歳以上の高齢者に関する調査でも、氏名や住所の公表に当たっては、本人あるいは家族の意思確認をしており、二〇〇五年は、上位に掲載された一〇〇人のうち一三人が公表を拒否している。

そのなかで、家族もその所在を四〇年以上確認できない高齢者の存在が明らかになったことが報道されている。なぜこのような事態が放置されていたのか、地方自治体と家族の間でどのようなやり取りがなされていたのか、マスコミ報道では必ずしも明らかではないが、この高齢者に対しては長年にわたって年金が支給されていたようである。

こうなると、データの信憑性よりも年金支給の妥当性について問題が生じてくる。社会保険庁の度重なる不祥事や、年金資金を活用したグリーンピアの破綻などによって、年金行政に対する不信感はピークに達しているが、このような事態が明らかとなれば、年金に対する不信感はさらに高まるだろう。一〇〇歳にまで達していなくても、本人ではなく、家族が受給しているケースはほかにもあるのかもしれない。

100%正確なデータを求めることは困難を伴うものであり、また、それを求めるあまり費用をかけすぎるのも問題ではある。しかし年金の受給など、国民の負担に直接結びつくものについては、データの正確性をできるだけ求めるよう今一層の努力をしなければならない。

税理士はそんなに儲かるのか？

大学の掲示板にはサークルの勧誘から、企業の紹介まで、さまざまな広告物が掲げられている。そのなかでも、最近のいわゆるダブルスクールブームを反映してか、各種専門学校のポスターが所狭しと貼られている。大学に漫然と通っているだけでは就職のときに苦労する、という脅しとも受け取れる内容のものも見受けられる。そんなポスターのなかで目を引いたのが、「税理士の平均収入三〇〇八万円！」と、税理士試験講座への勧誘を謳《うた》っていたものであった。

三〇〇〇万円というのはちょっと相場とは違うのではと思い、実態をもう少し調べてみようと、その専門学校のパンフレットを入手した。そして三〇〇〇万のからくりが明らかとなったのである。

ポスターが引用している調査は、日本税理士会連合会が一九九四年に実施したもので、六万ほどの会員に調査票を発送し、そのうち二万七〇〇〇余りを回収したものだった。平均収入については、開業してから一〇年以上の事務所の収入金額（会計法人を含む）としており、対象は一万三六二四であった。

このポスターを見た学生の多くは、税理士というのはとても儲かる商売だという印象を持ったことだろう。なかには、税理士になってたくさんお金を稼いでやろうと野心を抱いた者も少なからずいたことだろう。しかしながら、この調査結果には多くの問題点が含まれていたのである。

大きなトリック

それらを列挙すると次のようになる。

まず、回答率が必ずしも高くないという点である。45％と過半数を割っている。そもそも、収入を聞かれて正直に答えるのは、それなりに稼いでいる層だろう。裏を返せば、未回答者の平均収入はこれよりも一定程度は低いと思われる。

また、対象が開業一〇年以上と限定されている点にも注意が必要である。よく税理士になりたては生計を維持するのも楽ではないという話を耳にするだけに、このデータは、ある程度経験を積んだ層の平均値であることを割り引く必要がある。なお、調査を依頼した数に対し、二割強の回答率にとどまっている点も割り引かなければならない。

根本的な問題は、この調査は、事務所単位での収入を示していることである。税理士には個人事務所が多いとはいっても、複数の職員を抱える所も少なからずある。さらにその数は不明であるが、法人格を持った大規模な事務所の収入額も含まれている。これらを考慮すれば、税理士個々人の収入はもう少し低いレベルにとどまるだろう。それにもかかわらず、収入三〇〇八万円と示されれば、個人の所得であると、ほとんどの人は受けとってしまうはずだ。

具体的には、五〇〇万円未満の事務所が13・3％と全体の八分の一強を占めている。このほとんどは税理士が一人で運営していると考えられる。このほか、五〇〇万円以上一〇〇〇万円未満が9％、一〇〇〇万円以上二〇〇〇万円未満が15・5％となっている。その一方で五〇〇〇万円以上の収入がある事務所が全体の四分の一を占めており、このうち、

■ 税理士事務所の収入

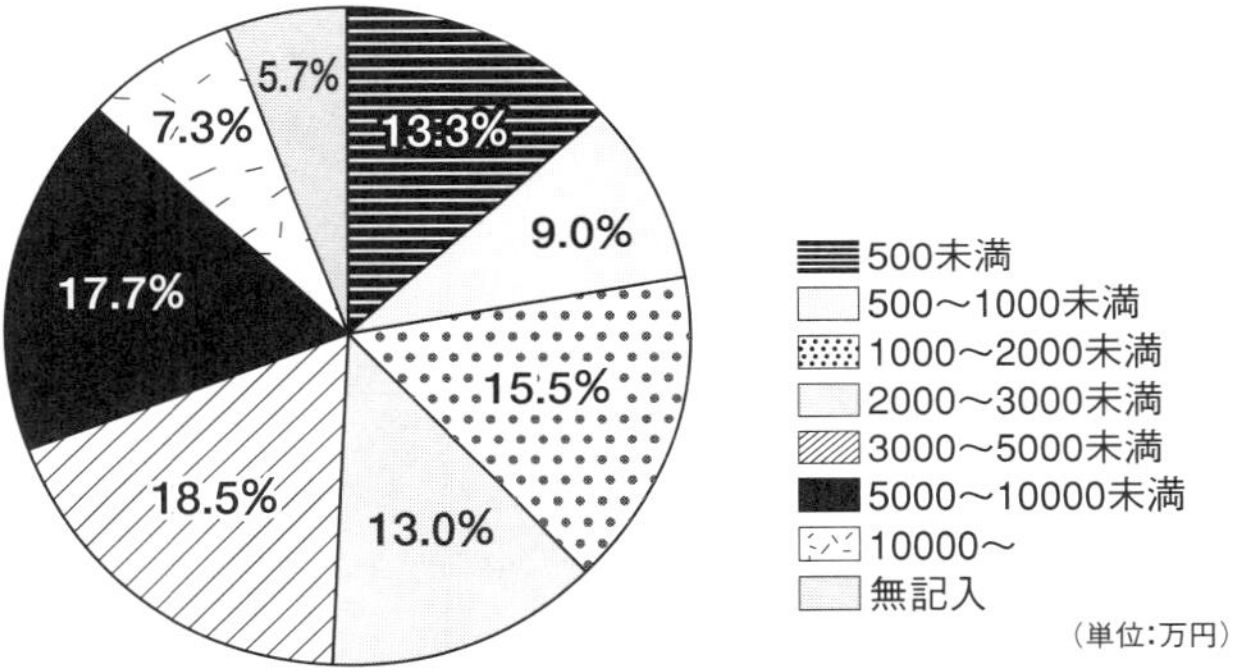

日本税理士会連合会「税理士実態調査報告書」（1994年4月調べ）

一億円以上が7・3％となっているが、税理士や事務スタッフをどの程度抱えているかについては、一切データが明らかにされていない。

実はこのデータには、さらに大きなトリックがある。公表しているのは実は収入であって年収ではない。税理士というのは基本的には自営業であり、さまざまな経費もかかる。年収＝「収入マイナス経費」であり、経費は結構馬鹿にならない。ある税理士事務所のモデル給与によれば、三〇歳で年収が五〇〇万円から六〇〇万円、四〇歳で八〇〇万円から一〇〇〇万円となっていた。人件費以外に事務所の維持費などの経費も結構かかるようである。

さらにいえば、この調査は今から一二年前、バブルの影響がまだ残っていたころに実施されたのであり、税理士の収入は企業の業績の影響も受けることから、今よりは高かったと考えられる。

もちろん、独立しやすい点や、定年もなく、本人のやる気さえあれば、何歳までも仕事ができるといったメリットも少なからずある。しかし第二章で触れた、産労総合研究所調査の社長の平均年収に匹敵する額を稼ぐ税理士が平均像であることにはならないのである。

どこの世界についてもいえるが、うまい話には裏があるということである。

外国人に関するデータから

日本で暮らす外国人が増えていることは、統計上の数値をみなくても、多くの人が実感としてとらえられる社会現象である。日本で暮らす外国人をみると、大きく三つのカテゴリーに分けることができよう。

第一に外国人登録法によって登録されている外国人である。外国人は、日本に入国後九〇日以内に市区町村に登録しなければならない。二〇〇五年末における外国人登録者数は約二〇一万人と、一九六九年以降三七年間連続して過去最高を記録している。

しかしながら、実際にはこの数字以上に国際化が着実に進行しているのである。

第二に、未登録などで超過滞在のいわゆるオーバーステイといわれる外国人であり、二〇万とも三〇万ともいわれている。彼らは法的には不法滞在者として扱われる。このほか、外交官や米国軍人、軍属及びその家族は外国人登録の対象とはならず、八万から一〇万人程度いるものと推測される。

オールドカマーとニューカマー

一時的な旅行者を除いても、日本で暮らしている外国人はすでに二五〇万人に達する勢いであり、もはや地方でも外国人は決して珍しい存在ではない。また、第二次世界大戦前から在住する朝鮮人及び中国人をオールドカマーと、主に一九八〇年代以降に来日した外国人をニューカマーと呼ぶこともある。一九八〇年ごろは、外国人登録者数の約九割はオールドカマーであったが、八〇年代初頭以降アジアからの外国人労働者の流入が急増し、九〇年には入管法が改正された。「定住」など、就労に制限のない在留資格を取得できる日系ブラジル人や日系ペルー人が大幅に増加し、また、来日する外国人の多国籍化も進み、現在では国籍は一八六ヵ国に及んでいる。一九八六年には総人口の0・7％にすぎなかったが、ニューカマーの大幅増によって、二〇〇五年には1・6％と、その割合は増加の一途をたどっている。

韓国・朝鮮籍を持つ者は総数、比率とも減少傾向にあり、二〇〇五年には29・8％になっているが、一方、中国籍を持つ者は25・8％と、ほぼ四人に一人が中国人となっている。このほか、ブラジルが15％、フィリピンが9・3％、ペルーが2・9％、アメリカが2・5％と続いている。

地域別にみると、二〇〇五年の総数では大都市部が圧倒的に多く、東京都、大阪府、愛知県、神奈川県、埼玉県の上位五都府県だけで半数を超えている。外国人の比率の高い府県は概して、製造業など第二次産業が盛んであり、特にブラジル人やペルー人といったニューカマーの比率が高く、群馬県と静岡県では八割強となっている。また、市町村単位でみると、群馬県大泉町のように住民に占める外国人の割合が16％に達しているところもある。

男女別では、女性のほうが54・1％と多く、年齢別では二〇歳代と三〇歳代だけで全体の過半数を占めており（53・7％）、この点が少子高齢化が進行している日本人とは大きく異なっている（但し性別、年代別のデータは二〇〇四年）。

これらの指標を諸外国と比較すると、総人口に対する外国人登録者数の割合については イギリスの8％（但し東京の山の手線内に相当するインナーロンドンは30％）、ドイツの9％には及ばないものの、確実にヨーロッパ諸国の状況に近づきつつあることは紛れもない事実である。

急速な国際化

このほか、我が国の社会が急速に国際化していることは、国際結婚の増加をみれば一目瞭然である。一九七〇年には婚姻件数は約一〇三万件あり、そのうち、夫婦の一方が外国籍である国際結婚は五五四六件とわずか0・5％にすぎなかったのが、二〇〇四年には約七二万件中三万九五一一件と5・5％に及んでいる。つまり、この三〇年余りで国際結婚の割合は一〇倍にも膨れ上がったのである。そのうちの約八割は男性が日本国籍を有するケースであり、また、約六割がオールドカマーとの国際結婚となっている。これは、少子化で結婚適齢期の日本人の数が減っていることや晩婚化などから、分母（婚姻件数）が減少する傾向のなかで、結婚適齢期の外国人数が大幅に増加したことで、分子が増加しているためである。

また、地域別にみると、東京都では9・5％が国際結婚であり、特に二三区に限ると10％を超えている。このほか、長野県（8・1％）や山梨県（7・5％）といった地方部や千葉県、埼玉県、大阪府などの大都市部で高くなっている。

父母のどちらかが外国籍である場合の出産率も年々高くなってきており、一九八七年には0・74％であったのが、二〇〇一年には1・89％と倍以上となっている。

人口減少時代にあって、今後は介護の人材として、フィリピンやタイなどから多くの外国人が地域社会に根づいていくであろう。この場合、従来の自動車製造など第二次産業が盛んな地域よりも、高齢化が進んでいる地域により多くの外国人が住むことが考えられる。

外国人登録人口が約二〇〇万人に達したという一つのデータからだけでは、日本社会の〝国際化〟の実態は必ずしもみえてこない。さまざまな統計データを総合的に分析することによって、はじめて的確な現状把握を行うことが可能となるのである。

第四章　「官から民へ」を検証する

中央省庁はスリムになったのか？

二〇〇一年一月六日、省庁再編がついに実現した。中央省庁再編の最大の目的は行政のスリム化にあり、それまでの一府二二省庁が一府一二省庁に削減された。確かに役所の数が少なくなることでスリムになったと感じる向きも少なくないだろう。省庁再編では、省庁数の削減にあわせて、以下の四つの数値目標が掲げられている。

○国家公務員数を削減（一〇年間で25％の削減）
○官房・局の数を一二八から九六に（25％の削減）
○課・室の数を約一二〇〇から一〇〇〇に（約20％の削減）
○基本政策を審議する審議会は一七六から二九に（約六分の一に削減）

ここでは、審議会を除く三つの数値目標について、その中身を検証することにする。

削減といっても、身分が変わっただけ

まず、国家公務員数の削減については、自衛官や郵政公社職員などを除く一般職の国家公務員約五五万人を対象にしている。

対象とされた五五万人のなかには、実は国立大学や国立病院、博物館、美術館、青少年の家などの、独立行政法人化されていった組織に勤務していた職員が多数含まれていた。これらの職員は、法人化にともない国の定数管理の対象から自動的にはずされたために、形のうえでは削減ということになり、その結果、四分の一の削減目標は容易に達成されたのである。例えば、旧国立大学の教職員は、これまでは文部科学省の職員としてカウントされていたが、二〇〇四年度からの国立大学法人化に伴い、法人職員として位置づけられ、定数からは除かれてしまった。削減といっても、実際に働く人間が25％減ったわけではなく、そのほとんどは組織や職員の身分が変わっただけである。

本来ならば、法人化する組織の職員以外でどの程度削減すべきか、目標設定すべきであった。多くの国民はこのようなトリックには気がついていなかっただろう。仮に法人化な

どの当然減を除いたうえで目標設定するとした場合、いわゆるリストラは現行の公務員制度ではほとんど不可能に近い以上、一〇年間での四分の一削減は、退職による欠員補充を一切しないでようやく達成できるような、厳しく非現実的な目標なのである。

手段の目的化

官房・局というのは省庁内の大きな組織単位である。例えば国土交通省の道路局は道路行政全般を担当し、財務省の主計局であれば予算編成作業全般を担当している。府省の内部部局として置かれていた官房と局の数は一二八であった。これが省庁再編によって九六に減少したが、再編前後の組織図を詳細にみると、いくつかの点が明らかとなる。まず、省庁の数が減ったことにともなって官房の数が減ったことである。官房は、省庁の人事や予算、政策の企画や国会対策、法案などに関する取りまとめを行う重要な組織である。そのトップの官房長は事務次官への登竜門ともいわれている。省庁の数だけ官房があるため、省庁数が減ればこれは自動的に減少する。これだけで一〇は当然減である。

また、局から部へ〝若干〟の格下げとなったケース（例：農林水産省畜産局→畜産部）や、局は廃止されたが局長とほぼ同格の審議官ポストが設けられたケース（例：法務省訟務局→訟務総括審議官）、局が統合された代わりに新たに局次長のポストが設けられたケースなどさまざまある。国民にとっては、局の数の多寡よりも、意思決定の迅速性のほうがはるかに重要であろう。極論すれば、局の数が増えてもスピーディな意思決定が行われ、縦割りの弊害を打破するリーダーシップが発揮される組織であればなんら問題はないのである。

この点は省庁の数についても同様のことがいえるだろう。

課・室の数についても五十歩百歩である。総務省の資料によれば、府省、その外局及び警察庁の内部部局の課とこれに準ずる室を一九九九年度末の一一六六から九九五に整理し、さらに二〇〇六年までにできる限り九〇〇に近い数とするよう目標が定められている。これも課を廃止する代わりに、企画官などの課長相当の職を置いているケースが多い。企画官は、本来部下を持たない独立したポジションであるにもかかわらず、その下に部下が何人か配属されていれば従前の課や室とほとんど変わらないのである。

政府の資料によれば、二二省庁を一二省庁としたことを「単純な数合わせに終わらせないために」、局や課の数も削減することとしているが、データの中身を細かくみてみると、やはり数合わせに終わっている部分は少なからずある。

具体的な数値目標を設定するケースは、官民問わず多い。本来は実現したい目的があって、それを達成するために目標が設定される。しかし、現実には数値で示された目標をなんとか達成しようとして、ありとあらゆる手法が使われる。結局、本来の目的がおざなりにされ、数値目標の達成という手段が目的化しがちである。

地方公務員の給与はそんなに高いのか？

公務員に対する風当たりが強まっている。国、地方を問わず、汚職、お手盛りの諸手当などが連日のようにマスコミで報道され、公務員の評価も地に墜ちた感はある。本来、公共の福祉の向上のために行政組織は存在するわけで、このような不祥事は論外である。最近では地方公務員の給与の高さについて批判が高まっている。

例えば、二〇〇四年一二月六日の「読売新聞」の一面では、「地方公務員平均給与　民間を14％上回る」と題して、「財務省は、東京都を除くすべての道府県の地方公務員の平均給与が、その地域の民間企業のサラリーマンより高くなっているとする調査結果をまとめた」としている。

具体的な給与比較では、国家公務員と民間企業の全国平均を一〇〇として、全国で一番高い神奈川県が一二〇・二で、民間の一〇五・一を凌ぐとしている。以下、山形県（地方公務員一〇四・三：民間八一・四、以下同様）や沖縄県（九九・四：七六・五）では地方公務員の給与が民間を三割弱上回り、また、東京都（一一一・七：一一六・五）を除いて民間給与を上回り、岩手県など五県を除く四二都道府県で地方公務員の給与が国家公務員の給与を上回っているとしている。

給与比較の問題点

この記事を読めば、誰もが地方公務員の給与は高すぎる、さらには、その人件費に回っている地方交付税を削減すべきだという財務省の主張に賛同するだろう。

このような調査が客観的なものであれば、まさにそのとおりではあるが、詳細に調べてみると、どうもそうではないのである。

ここで対象とされている地方公務員の給与は、いわゆる一般職のものである。地方公務員には教員、警察官、消防士、運転手などの現業職員等さまざまな職種があるが、いわゆる事務系などの一般職員だけが対象となっている。

一方、財務省が比較に用いた民間の給与水準は、厚生労働省が行っている賃金構造基本統計調査に基づいて、民間賃金の全国平均を一〇〇とした場合の各都道府県における民間賃金比率となっている。

賃金構造基本統計調査の対象としている労働者は、地方公務員の一般職に相当する管理・事務・技術労働者だけでなく生産労働者も含まれている。同調査によれば、生産現場で作業等に従事する労働者や家族労働者も含まれている。民間同士でも、生産労働者の賃金は事務系の労働者に比べると低いのにもかかわらず、比較の対象に含まれているのだ。

比較の対象として異なる職種の労働者も入っていて、これでは客観的な比較にはなっていない。

また、官民比較を行っている人事院勧告では、年齢や学歴等を考慮して調査を行っているが、この点も考慮されていない。

人事院勧告では、年齢、学歴、職種、役職段階等を考慮した指数、いわゆるラスパイレス方式による比較を基礎に行う必要があるとしているが、財務省調査では、そのような方式はまったく取られていない。

また、国家公務員と地方公務員の給与では、各県の平均給与と国の平均給与を単純に対比しているが、学歴や経験年数などを一切考慮していないものであり、やはり比較という観点からは公平性、客観性に欠けるといわざるをえない。

具体的には、大卒者の比率は、都道府県の場合54％と半分を超えているのに対して、国は36・5％と二割近くも差がある。学歴の違いにより、採用時の初任給も含めて一定程度給与に差がつくものであり、この点は官民を問わず同じである。また、平均年齢は都道府県が四二・四歳であるのに対して、国が四〇・五歳と二歳近く低い。二歳低ければ同じ給与体系としても一万数千円程度の差があるのは当然である。これだけでも国と地方の給与は単純比較で三ポイント以上差がついてしまう。

さらに、国家公務員の給与は実際に支給されている額であるが、都道府県の場合はあくまでも各人事委員会がこの程度の水準とすべきという勧告による数値である。実際には三分の二を超える都道府県で5％前後の独自の臨時給与カットを行っていて、支給額は勧告の数値よりも低くなっている。

確かに「読売新聞」の記事でも、臨時給与カットが一部しか反映されていないと書かれてはいるが、これも記事の最後のほうに簡単に触れられているだけである。多くの読者は見出しだけを見て、地方公務員の給与の高さに憤ってしまうだろう。

もちろん、地方公務員の給与にはとんでもない特殊勤務手当があったり、福利厚生に問題を抱えている団体があったりすることは、マスコミ報道でも明らかである。また、公務員の給与は民間の同業種に比べるとかなり高いのも事実であり、正すべき点は少なからずある。

データによる比較は公平性、客観性という点を無視してしまえば、意味のないものになってしまう。時として、世論を一定の方向に誘導する意図があるとしか思えない比較が行われているのである。

公務員はそんなに多いのか？

自民党も民主党も、改革の本丸は行政と位置づけ、公務員の削減や小さな政府を最重要課題としている。確かに誰も大きすぎる政府は望んでいないだろうし、度重なる不祥事で公務員への不信感は募るばかりである。

しかし、政治の世界では、必ずしも客観的な分析に基づいて政策が作られるわけではない。だからこそ、国民に冷静な判断を促すよう、客観的ではない情報の問題点を指摘するのが、メディアやアカデミズムが本来果たすべき役割ではないだろうか。

小さな政府を標榜する際に、その標的とされるものの一つが公務員の数である。公務員は、大きく国家公務員と地方公務員の二つに分けられる。公務員数が多いか少ないかということは、実はそう簡単にいえるものではないが、地方公務員数が三〇〇万を超えるとい

■ 人口1000人当たりの公務員数

日　本	イギリス	フランス	アメリカ	ドイツ
35.1人	73.0人	96.3人	80.6人	58.4人

総務省による

う新聞記事が載ると、「そんなに多いのか」と多くの読者は感じるだろう。では、一億二〇〇〇万人を超える国民に対して多すぎると、はたして客観的にいえるのだろうか。

実際のところ、公務部門のすべてを合算して比較しなければ実態は明らかにならない。例えば、日本の公立学校の教員は地方公務員であるが、フランスや韓国では国家公務員である。このような点も考慮しなければならない。

公務員数が多いか少ないかに関しては、人口当たりで比較するのが一般的である。それも人口規模が近い国同士で比較するのが好ましい。

大きな政府とはいえない

総務省の資料によれば、国、地方、そして軍人も含めた人口一〇〇〇人当たりの公務員数は上の表のとおりとなる。

この表は、日本は二〇〇四年、他の国は二〇〇一年の状況を示している。ドイツでも日本の六割強多く、他の三ヵ国はみな倍以上公務員がいる計算になる。

これには、独立行政法人化して国家公務員の身分でなくなった者や特殊法人など国家公務員に準じている職員も対象外である。

これらの職員を加えて比較すると、実は日本における公務員数は少なくないのではないか。当然のことながらそのような疑念も浮かぶが、これに関しては東京大学中村圭介教授の論文に具体的な比較がなされ、公務部門雇用者が全就業者に占める割合の国際比較が示されている。

調査は一九八〇年代前半で、現在とは多少異なる状況にあると考えられるが、特殊法人、裁判所職員、国会職員などを加えていて、日本の場合、その数はおよそ五一七万人だった。比べてみると明らかなように、前ページの表よりもさらに日本の割合は低い。

この表が示すようにアメリカでも二倍、スウェ

■公務部門雇用者の比率に関する国際比較

国　名	%
日　本	9.2
イギリス	31.4
フランス	32.6
アメリカ	18.3
ドイツ	25.8
イタリア	24.4
スウェーデン	38.2

中村圭介「多すぎるのか、それとも効率的か－日本の公務員」(『日本労働研究雑誌』2004年4月号)

ーデンにいたっては四倍以上の雇用者を公務部門が抱えている。これでも日本は人事面で大きな政府なのか、国際比較からはそのようなことは決していえないのである。

それにもかかわらず公務員に関して批判が多いのは、一人一人の給与水準が大きく影響していると考えられるが、この点は前項でも紹介したように、問題はあるにしても、マスコミで報道されるほど差があるわけではない。

二〇〇六年度から五年間で国家公務員は5％以上、地方公務員は4・6％以上の人員の純減を行うこととしているが、治安など本当に必要な部門に適材を配置できなくなれば、その害は国民全体にも及ぶことになる。

もちろん、年金の一元化など公務部門が汗をかかなければいけないことはたくさんあるし、農林水産省の統計部門などのように、公務員でなければできないのかと疑問視される部局もある。だが、公務員批判をする場合でも、単なる感情論ではなく、客観的なデータの比較をまずはすべきではないだろうか。

日本のインフラ整備はそんなに遅れているのか？

これまで、公共投資を推進する理由の一つとして必ず挙げられていたのが、欧米と比べて日本の社会資本整備が遅れているから、経済に余力があるうちに追いつかなければならないという、いわばキャッチアップ論であった。

日本は急速な経済成長によって、消費や投資などフローの面では世界のトップクラスにランクされるようにはなったものの、国民一人一人の生活を顧みると、ゆとりや豊かさが十分実感されているとはいえない状況にある。その原因の一つとして、社会資本などストック面での整備の立ち遅れがあるとされている。

しかし、いろいろとデータを調べてみると疑問を投げかけざるをえない。

高速道路は少なくない

我が国の高速道路は、欧米に比べると整備水準が低いというのが通説のようであるが、

■ 高速道路の整備水準国際比較（日本を100として）

	人口	自動車	面　積
日　本	100	100	100
イギリス	85	127	62
フランス	297	298	95
ドイツ	211	233	146
アメリカ	500	364	43

注：日本は2002年度末、フランスは2000年末、それ以外は1999年末のデータである。
国土交通省ホームページより（一部手直し）

果たして本当にそうであろうか。

上の表は日本を一〇〇として、道路の延長をさまざまな単位のとり方で欧米と比べたものである。自動車保有台数当たりでイギリスより少し短く、ドイツは二倍強、フランスは三倍となっている。人口当たりではイギリスよりも日本のほうが延長は長いが、アメリカは日本の五倍となっている。この二つのデータからみる限り、日本の高速道路は不十分であるともいえようが、国土面積での比較に目を転じると話は大きく変わってくる。

国土面積当たり、どの程度高速道路が張り巡らされているかをみると、ドイツを除いて各国とも日本より密度は小さい。国土が広大であるアメリカにいたっては半分以下となっている。

国土面積当たりの高速道路延長が、欧米諸国に比べておおむね長いということは、国土にそれだけ負担をかけていることを意味している。いずれにしても、公共投資が、限られた国土のなかで行われるものである以上、面積当たりの指標をまったく無視するわけにはいかないだろう。単一の指標ですべてを判断するのではなく、いくつかの指標を総合的に勘案して整備水準を比較するのが、より望ましいのである。

なお、高速道路（高規格幹線道路）は二〇〇四年度末には８７４０㎞まで整備が進み、さらに高速道路に準じた地域高規格道路も全国各地で計画が進んでいる。地域高規格道路とは二車線以上の車線を確保し、自動車専用道路、またはそれと同等の機能を有する、おおむね60㎞／ｈ以上の速度サービスを提供できる質の高い道路とされている。すでに７０００㎞近くが計画路線として指定されていて、まさに第二高速道路といった感もある。高速道路をどこまで整備すべきか、他の社会資本と比べてどの程度の優先度を与えるべきか、改めて国民的なコンセンサスを求める時期がきているのではないだろうか。

公共投資は、官主導で決められるものである。もっといえば、政治の世界でしっかりと方向性が定められなければいけないものである。

高速道路についても、道路公団を単に民営化しただけでは解決しえない問題である。高速道路も含めた道路全体の整備のあり方を、ガソリン関係税など財源の問題も含めて真剣に議論しなければ、〝国破れて道路あり〟という状況になりかねない。

下水道普及率も十分健闘している

たいていの社会資本の整備は欧米に比べて遅れているとされているが、このなかでも、最も遅れていると指摘されてきたのが下水道の普及率である。

日本の下水道整備は戦前から一部の都市では進められてきたが、一九六〇年時点ではわずか6%という低い水準にとどまっていた。七〇年代以降、水質改善や雨水排除の観点から下水道の整備が積極的に推進され、東京区部ではほぼ100%を達成するなど都市部の整備はそれなりに進んでいるが、全体としてはまだまだの状況にあるとされている。

現在の下水道普及率は、下水道整備に国、地方が積極的に取り組んできた結果、九九年度末にようやく60%に達した。二〇〇三年には67%と、すでに下水道の使用可能となった区域に住んでいる人口が全体の約三分の二を占めるようになった。これはイギリスの96%

（二〇〇〇年）、ドイツの92％（一九九五年）に比べればまだまだであるが、相当程度進んだとみることもできる。

一九六〇年からのわずか四〇年間ほどで、60％も整備率が向上したということ自体驚異的である。イギリスの場合、下水道整備はコレラが流行したことを教訓に、一八五五年から進められている。我が国では約三〇年も遅れて整備が進められてきたことを考慮すれば、十分健闘しているのである。

これに下水道類似施設を含めれば、さらに状況は好転する。下水道とは、そもそも旧建設省（現国土交通省）の所管であるが、農山漁村では、農林水産省が所管する農業集落排水事業や漁業集落排水事業などによって生活廃水の処理が行われている。また、下水道を整備するには、住宅が分散している地域や下水道整備が進んでいないようなコストがかかる地域では、厚生労働省が所管する合併処理浄化槽による整備が効果的である。これらの施設を含めて、近年では汚水処理人口普及率という新しい指標によって地域の汚水処理の状況を比較することが一般的になっている。

この指標は、下水道のほか、農業集落排水施設、漁業集落排水施設、合併処理浄化槽、コミュニティプラント等、下水道類似施設が整備されている地域も加えて、全人口に占める割合を示したものである。

汚水処理人口普及率は、二〇〇四年度末では79・4％に達している。この値はアメリカの71％（九二年）を超え、フランスの81％（九四年）に近づいており、もはや汚水処理の分野では欧米に遜色《そんしょく》のない水準に達している。

政令指定都市全体ではすでに普及率は98％を超えていて、整備が遅れているのはほとんどが小規模な自治体である。住宅が分散し、一軒家が多い地域では、下水道よりも合併処理浄化槽のような小回りの利く施設整備のほうが、経済効率性の面からも時間的な面からも有効である。今後は下水道以外の事業手法が主流となってくるだろう。

その一方で、すでに整備が行き届いた大都市部では、管材などの老朽化や、先般の福岡市や杉並区などで問題が明らかになった集中豪雨時の排水対策など、新たなニーズが生じていることもまた事実である。

いずれにしても、下水道の普及率だけで物事を判断してはいけないのである。

都市は地方に搾取されているのか？

公共投資に関して批判的な意見が強まるなか、地域間の不均衡についても議論が高まっている。下水道など一部の社会資本を除けば、むしろ都市部よりも農村部、地方のほうが社会資本が充実し、しかも有効に活用されていないと、都市近郊住民からの批判が高まってきている。

職場まで満員電車に押し込まれて通勤している都市近郊住民からみれば、ゆとりのある地方の生活は憧れでもあり、また、やっかみの対象でもある。ほとんど車が走っていない高速道路や、一番利用しているのが釣り客という有様の地方港湾の埠頭《ふとう》施設、カラオケ大会でしか満員にならない文化ホール、利用客数が伸び悩んで一日数便の発着しかない地方空港などに対して、厳しい批判の目が注がれている。

都市の側からみれば、地方の〝無駄な〟公共事業などではなく、都心部の道路の渋滞や鉄道の複々線化などによるラッシュの解消などにもっとお金をかけて欲しいと思うのは、ある意味当然である。

最近では、東京を中心とした大都市部における都市再生が声高に叫ばれるようになり、大都市のビッグプロジェクトが目白押しである。

しかしながら、大都市部に予算をシフトすれば快適な都市空間が形成されるとは限らない。

九〇年代に公共投資が増加し、国と地方ともに借金が膨張した要因の一つが景気対策であった。公共投資は建設業者の雇用につながるだけでなく、コンクリートや鉄筋・鉄骨、アスファルトなどさまざまな材料を用いるため、周辺産業への波及も大きい。特に景気が低迷した地方に対して一定の効果があったことは見逃せない。最近では公共投資の景気に与えるいわゆる乗数効果が下がっていると指摘されているが、依然として一定の効果はある。

公共事業における用地費の割合

都市と地方の公共投資の効用を比べるうえで無視できないのが、用地費の割合である。公共事業の多くは、用地を取得することが必須となる。地権者から土地を買収するための用地費は、地価の高い我が国では馬鹿にならない。

例えば、国の公共事業費に占める用地費の比率は、九九年度当初予算では15%だった。その後の地価の下落傾向を考慮すれば、現時点ではもう少し低くなっているだろうが、これはあくまでも全国平均の姿である。

東京都心の都市計画道路のなかには、総事業費に占める用地費の割合が九割を超えるものもざらにある。

この点について平松守彦大分県知事（当時）の発言が、地方の声を代弁している。

高速道路の建設費について、仮に関東の東関東自動車道との対比で見ると、この東関東自動車道の建設費は、一キロメートル当たり約七五二億円です。これを本県の場合と比べますと、大分県が現在工事を進めている大分・津久見間が一キロメートル当たり約五〇億円です。この道路はワールドカップ・サッカー開催に間に合わせるよう二〇〇一年には完成させたいと思っております。まだ一四キロメートルほど工事が残っていますが、東関東の一キロ・七五〇億円という金額は、大分道路の一五キロメートル分の建設費に相当する額です。計算上では、東関東の一キロ相当分の費用で、大分・津久見間の高速道路全部ができあがるということになります。これはあながち数字の魔術だけではありません。

次に建設費のうちで用地費（土地代）について見てみます。東関東自動車道では、七五二億円の中でなんと土地代が七〇〇億円を占めています。大分の場合は、五〇億円のうち九億円が土地代です。差し引きしますと工事費は、東関東と大分ではさほどの違いはないことになります。しかし、この工事費が重要なのです。これが材料費になり賃金になり、いろいろと波及効果を生むわけです。その反面、土地代というのは、その土地の帰属が個人（法人）の所有から国の所有に移転するだけですから、所得移転効果だけで、消費を刺激する公共支出のことを真水《まみず》といっていますが、土地代は真水ではありません。景気対策としては、むしろ波及効果の大きい工事費の方にお金を注ぎ込みなさいと言っているのです。

（『適正共生社会めざして』平松守彦氏のホームページより）

この発言は一九九八年の内外情勢調査会での講演のもので、地方における公共事業の正当性を多少強調しすぎている面もあるが、東関東自動車道の場合は、建設費に占める用地費の割合は93％、これに対して大分の場合は18％にすぎない。同じ1㎞の高速道路を建設するのに、東関東は大分の七八倍（七〇〇億／九億）も用地取得にお金がかかる。

それこそ土地の公有化や強制的な用地収用でもしない限りは、地価の高い大都市部で公共事業を効果的、効率的には実施できないのである。

公共投資は、民間部門の需要を創出する効用はあるものの、東京などでは公共事業の量を増やしても大部分は用地代に消え、結果として土地成金を増やすことになっている側面も無視してはいけないのである。

士《サムライ》とコンプライアンス

弁護士、公認会計士、税理士、弁理士……、世の中にはさまざまな資格が存在するが、これらの多くは○○士法という法律によって、その職務基準などが定まっている。このような法律を俗にサムライ法と称することがあるが、このなかでも公認会計士や税理士は、企業経営のチェックを行う、まさにデータの監視役として、その役割が期待されているのである。

しかしながら、公認会計士の信頼性を揺るがす大事件が相次いで発生している。その象徴が中央青山監査法人の公認会計士が関わったカネボウの粉飾決算事件である。また、同法人は破綻した足利銀行についても粉飾決算と違法配当に関係したとして提訴されている。

そもそも公認会計士は、「監査及び会計の専門家として、独立した立場において（中略）

会社等の公正な事業活動、投資者及び債権者の保護等を図り、もつて国民経済の健全な発展に寄与することを使命とする」とされていて、「常に品位を保持し、その知識及び技能の修得に努め、公正かつ誠実にその業務を行わなければならない」職責があると、公認会計士法には定められている。

公認会計士の癒着の構造

だが、監査報酬は担当した企業から直接支払われるものである。特に付き合いが長くなれば、独立した立場というのは絵空事になり、癒着の構造がいとも簡単にでき上がってしまうのだろう。

これまでも、アメリカのエンロンやワールドコム、雪印や日本ハム、東京電力など、企業の社会的信頼性を揺るがす不祥事が洋の東西を問わず続発している。エンロンでは、幹部のみならず公認会計士からなる監査法人までが、投資家を欺き私腹を肥やした。まさにモラルハザードである。不正や隠蔽《いんぺい》の代償は企業に重くのしかかり、雪印食品は結局、解散に追い込まれてしまった。不正が行われてしまった場合に、内部告発が容易にできるような企業風土の醸成が必要であるとも指摘されている。

カネボウの事件は、ある意味で日本版エンロンともいえるものである。本来は債務超過であるのを資産超過とするなど、大掛かりな経理操作を行い、結果として会社を破綻させることに関わったとして四人の公認会計士が逮捕されている。これはライブドア社を巡る一連の事件にも共通しているようにも思われる。

中央青山は、このほか、山一證券やヤオハンジャパンなどの監査も手がけていた。破綻後に提訴され、和解を行っているなど、これまでもトラブルが跡を絶たなかったようである。他の監査法人にも同様のトラブルは散見される。中央青山だけの問題ではなく、業界全体の問題として対応策を考えることが必要ではないだろうか。

カネボウからは年間一億円の報酬を受け取っていたようであるが、公認会計士法が求める独立性を担保するためには、公認会計士協会などが間に入って、企業から直接報酬をもらわないような仕組みが必要なのではないだろうか。あるいは監査の期間を限定するなどして、癒着しにくいシステムを構築すべきである。

税理士制度の大きな問題

このようなトラブルは公認会計士だけではない。税理士の世界でもさまざまな事件が起きている。二〇〇二年には、四年間で総額七億三〇〇〇万円の所得を隠し、約二億五〇〇〇万円を脱税したとして元札幌国税局長の税理士が逮捕された。

これは税理士制度の根幹に大きな問題点があることを明らかにした事件である。そもそも国税庁ＯＢだからということで、数多くの企業から顧問税理士の口がかかり、年に二億円もの収入を得ていたこと自体が、多くの国民にとって信じられない話である。企業側にすれば、元上司の顔で後輩の税務調査に手心を加えてもらいたいという思惑から多額の顧問料を支払っているのは明白だ。

一定期間、国税や地方税に関する業務に勤務すれば、税理士試験の受験科目が一部免除されるという現行制度は問題である。二〇〇一年の改正税理士法により、税務職員等に対する試験免除制度の見直しが図られたが、簿記論や財務諸表論、専門以外の税法は試験を受けるべきである。公務員出身の税理士が全体の四割近くを占め、特に国税局ＯＢの税理士がいとも簡単に一億円以上稼ぐことができるという現状は、誰がみても間違っている。

これでは、データの監視役どころかデータの粉飾役になってしまいかねない。

あえて税理士にならなくともいいように、その職務の専門性を生かすという意味からも、一定の知見を持った職員は六五歳、あるいは七〇歳まで定年を延長して税務の職を続けることができるようにするなどして、税理士とは一線を画してはどうだろうか。一見すると人件費の増加を招き、行革の流れに反するとされるかもしれないが、実はこのほうが、官と民の癒着を減らし、企業も多額の顧問料は不要となり、国税庁も手加減せずに脱税の摘発など税務調査に力を注ぐことができるだろう。

企業も利益追求に走るあまり、コンプライアンス（法令遵守）をおろそかにしてしまうと、結局は消費者の信頼を失ってしまう時代である。ライブドアの粉飾決算事件で中心的な役割を担った前取締役も、税理士としての知識を悪いほうに使ってしまったのではないだろうか。

サムライ達には、データに関するコンプライアンスもしっかりと守ってもらいたいものである。

耐震偽装から学ぶべきこと

二〇〇五年の後半から二〇〇六年にかけて、耐震偽装やホテルの違法改造など、建築を巡る不祥事が相次いでいる。

耐震偽装では、建築確認のあり方がクローズアップされた。地方自治体による建築確認でも偽装を見抜けなかったものもあったが、民間の確認機関で数多くの見逃しがあった。建築基準法は、一九九〇年代に規制緩和の流れを受けてたびたび改正されている。一九九七年には共同住宅の廊下や階段といった共用部分が容積率の対象から除かれ、翌年には民間の検査機関へ建築確認を任せることができるようになった。

規制緩和はさまざまな恩恵ももたらしたが、その反動も決して小さなものではない。バブル期よりは大幅に下落したとはいえ、地方に比べれば東京をはじめとする大都市部の地価は格段に高い。そのような状況で、どこかでコストカットしない限りは安価なマンションを建設することは不可能である。１００㎡を超え、場合によっては１５０㎡前後もあるような都心のマンションが四〇〇〇万から五〇〇〇万円前後であれば、飛びつくのは無理もない。

しかしながら、周辺の他の物件と比べてあまりにも価格が異なる場合には、一度立ち止まって、価格の妥当性を検証すべきだったかもしれない。

個人がマンションを購入しようとする場合、価格、床面積、間取り、方位、階、駅からの距離など、さまざまなデータを集めるだろう。そのなかでも特に重視されるのはやはり価格であり、床面積であろう。一方、建物自体の質の面は、購入者がチェックすることは不可能に近い。

チェックされる側がチェックする側を選ぶやり方

建築確認の過程でしっかりとした質のチェックがなされていれば、本来は問題はなかったわけであるから、建築確認の制度そのものを改めるか、現行の住宅性能保証制度をすべての新築住宅に義務づけるなどの改善策が考えられる。が、いずれにしても、チェックに関するコストは誰かが負担しなければならない。

今回問題となった民間の検査機関による建築確認の代行制度は、今後とも続けられるだろうが、チェックを受ける側がチェックする側を直接選ぶというやり方は改める必要がある。これは企業と監査法人との関係と同じである。お墨付きを与える機関と、お墨付きをもらう組織との間には第三者機関が入るなどして、その結びつきを弱めないと、馴《な》れ合いのチェックや、お墨付きをもらう（金を払う）側の意向に左右されて、いい加減なチェックになりかねない。

また、一般庶民が都心のマンションになかなか手が出せない理由の一つである地価の高さは、実は土地の有効利用が十分になされていないからではないだろうか。

平成九年版『建設白書』によると、日本の一人当たりの床面積は31㎡（一九九三年）で、イギリスやドイツ、フランスより6から7㎡ほど（二割ほど）狭い。しかし、個々人の体格差なども考慮すれば日本とヨーロッパとでは、広さに関してはほとんど遜色ないといっても過言ではない。

日本の街並みを見渡せば、東京や大阪といった大都市でも、中心市街地のなかに二階建であるいは平屋の一軒家というものを少なからず見かける。だが、ヨーロッパの多くの都市では、中心街にそのような建物はほとんどない。一軒家であれば、原則として四方に隙間を空けなければいけないが、テラスハウスのようないわゆる長屋であれば、前面と背面の二面だけを空ければいいわけで、土地の有効利用も容易である。

例えば、イギリスの一戸建てはわずか21％であるのに対して、日本は実にその約三倍の59％となっている。また、ロンドンに限ると一戸建てはわずか5％しかなく（二〇軒に一軒）、住宅のほとんどが集合住宅である。一方、東京二三区では26％と、四軒に一軒は一戸建てである。一戸建て以外の大半を占める共同住宅でも、約三割は二階建てか平屋である。

日本人の住まい方に多くの課題

ヨーロッパの街が広々とした感じにみえるのは、人口密度が東京よりも低いということもあるが、それ以上に住宅がコンパクトに集合化しており、これによって道路や歩道、公園といった都市に欠かせないオープンスペースが十分確保できているからである。見方を変えれば、我が国では、地方だけでなく都市部でも一戸建て志向が根強く、また、行政の規制も少なかったために、いわば間延びした街並みが形成されてしまったわけである。日本人の住まい方に多くの課題があったのである。

我が国でも六〇階建ての高層マンションが建設されるなど、都心の土地の高密利用が進んでいるが、考えてみれば、そのような摩天楼のすぐ近くに平屋の一軒家が並んでいるというのは不気味な光景ではある。このような極端なことをしなくても、東京の住宅が平均四、五階建てになれば、十分なオープンスペースは確保でき、また、無理にコストのかかる高層マンションを建てる必要もなくなる。

欧米の街の豊かさは、個々人の住生活に一定の縛りをかけて、住宅の集合化、共有化によって醸成されている部分が大きい。日本の場合、建築自由の代償として公園などの公共空間は貧弱となっている。社会資本の整備を本格的に始めた時期が遅かったこともあるが、何よりも人々の住まい方の違いが、街並みを貧弱にしている。

いくら大都市に多額のお金をつぎ込んで社会資本の整備を進めようとも、人々の住まい方を変えない限り、あるいは街づくりの基本的なルールを抜本的に変えない限り、日本の都市も、個々人の生活も豊かにならないだろう。そのつけが今回の耐震偽装事件に回ったといえなくもない。

都心部では原則五階以上の建物しか認めない、といったようなことでもしない限り、住環境の抜本的な改善は望めないのである。

民営化の光と影

民営化の流れが日本全体を覆い尽くしている。単純な民営化礼賛論者から是々非々論者、民営化絶対反対論者までさまざまだが、先の総選挙の結果が示すように、少なくとも郵政事業に関しては、民営化に国民のゴーサインが示されたことは明らかである。

世界的にみると、一九八〇年前後を一つの転機として、行政の役割が大きく見直されるようになってきた。この動きは一般的にはNPM（ニュー・パブリック・マネジメント）と称されている。NPMは、イギリスやニュージーランドなどのアングロサクソン系の国々を発祥の地とし、ヨーロッパやアメリカそしてアジア、ラテンアメリカなど、今では世界各国を席巻している。NPMの取組みについては国によって温度差があり、また、最近、ニュージーランドでは郵便貯金の再国営化がなされるなど反作用、ゆり戻しも起きている。

NPMは、市場メカニズムの活用、規制緩和、民営化、エージェンシーへの権限委譲、民間主体の公共サービスPFI（プライベート・ファイナンス・イニシアティブ）、成果志向・顧客志向の業績測定などを中核とした改革であり、行政機関が従来直営で実施していた行政サービスが、企業やNPOなどによって提供される傾向が顕著となる。そして、経済性や能率性といった価値基準が重要視され、経営学の思想、なかでも経営管理学の考え方が重用されていくことになる。

総選挙を前にした二〇〇五年九月三日付の「日本経済新聞」一面トップ記事は、「NTT・JR・JTなど　民営化で国の収入三一兆円」と題し、「国の財政が悪化するなか、官業の民営化が一定の貢献を果たしてきた」と評価している。

選挙前の微妙な時期だけに、それなりに郵政民営化を進める与党にはプラスとなった点は否めないだろう。

それはともかく、その収入のうち三分の二強は、ＮＴＴの株式売却収入や租税収入で占められており、このほか、ＪＲ東日本、東海、西日本の三社によるものが六・五兆円となっていた。

道路公団や郵政公社の民営化が進展していくなか、民営化の成功事例として国鉄が引き合いに出されることは多い。確かに、国鉄とＪＲを比較すれば格段にサービスは向上した。関係者の営業努力が並々ならぬものであったことは容易に想像できる。だが、先のＪＲ福知山線の脱線事故でみられたような、ＪＲ西日本の安全よりも利益を重視する姿勢に対しては、さまざまな批判も寄せられている。

民営化のマイナス面

民営化後二〇年近く経った今、プラスの面ばかりが注目されているが、マイナスの面も冷静に分析し、公共サービスの民営化議論に反映させることが必要である。

マイナス面の最たるものは国労関係者等の雇用問題など、労使間の問題であり、二〇〇五年九月一五日には組合員一人当たり五〇〇万円の慰謝料支払いを命じる東京地裁の判決が下されているが、このほかにも忘れてはならないことがいくつかある。

もともと国鉄時代に多額の債務を抱え、事実上破綻状態にあったともいえるが、三〇兆円近い負債以外に、多くの負の遺産ともいうべきものが、特に地方自治体に引き継がれていったのである。

八七年の民営化前後、地方の赤字ローカル線の多くは第三セクターとして生まれ変わった。第三セクターは、すべて地元の地方自治体から出資を受けている。廃線となった路線の多くには代行バスが運行されているが、これらのいわゆる過疎バスにも自治体の補助が行われている。

引き継いだのは鉄道だけではない。八五年に閣議決定された「国鉄余剰人員雇用対策の基本方針」では、公的機関での余剰人員の引き受け目標を決めていた。これによれば国が一万三〇〇〇人、地方自治体が一万一五〇〇人、特殊法人が五五〇〇人の計三万人となっており、その約四割を地方が引き受けることとされていた。

このほか、駅前の旧国鉄用地の多くは地元自治体が購入するなど、さまざまなところで自治体が貢献している。

国鉄民営化成功の最大の要因は、民営化に際してマイナス部分を極力切り離し、スリム化することによって、民業として生まれ変わったことに尽きるのではないだろうか。そして、地方自治体をはじめとする公的部門が、雇用や赤字路線、余剰用地の多くを引き受け、まさにセーフティネットとしての役割を果たしてきたのである。

民営化したＪＲはさまざまな事業を展開している。そのなかでもホテル部門は全国各地で七〇店舗を超えているが、駅に隣接し、あるいは直結するという最高のロケーションとなれば、民間のホテルチェーンも容易に太刀打ちはできないだろう。ホテル業界の低価格競争は熾烈《しれつ》を極めている。耐震偽装で数多くのホテルが営業停止となり、また、東横インでは、多くのホテルが検査後に障害者用の施設を壊して客室などにしたり、容積率をオーバーしたりと、ハートビル法（高齢者、身体障害者等が円滑に利用できる特定建築物の促進に関する法律）や建築基準法に違反していた。これらの背景に、ＪＲの商法が影響していないとは言い切れない。また、最近ではエキナカという名の、デパ地下顔負けのショッピングモールがＪＲ駅内に数多くできている。駅周辺のデパートや商店街にとっては、戦々恐々である。

良いリフォームと悪いリフォーム

郵政民営化についても、セーフティネットをどこまで広げるべきか、また、誰が担うべきかについて、しっかりとした議論を進める必要がある。その際、国鉄民営化のときのように、地方自治体が大きな役割を担う余力はもはや残っていない。地方自治体自身も民営化や民間委託の対象としてスリム化が図られている。

民営化された郵政会社も利益を上げるため、ＪＲのようにさまざまな分野に新規参入するかもしれない。その結果、多くの民間企業、特に中小の小売業のなかには、大打撃を受けるところも少なくないだろう。

改革は英語ではリフォーム reform である。リフォームには良いリフォームもあるが、最近では、悪徳業者による詐欺まがいのリフォームの被害が跡を絶たない。

これと同じように、改革と冠をつければすべてが正しいというわけではない。良いリフォームと悪いリフォームを国民が見分けられるよう、冷静で客観的な議論が進められることが望まれる。

そのためには、できる限り客観的なデータが適正に開示される必要がある。民営化したから情報公開の対象にはなりませんでは、説明責任は果たせない。このような機関は、たとえ民営化しても、果たしている公共性には変わりはないのである。第三者機関による監視をはじめとした適正な情報公開の制度が担保されなければ、チェックは行き届かない。客観的なデータの開示なくして、説明責任は果たせないのである。

終章　データの罠を見抜くためには

これまで、世論調査をはじめとするさまざまな調査の問題点や、データ特有の癖、分析手法の課題、調査主体のいい加減さなどを指摘してきた。最後に、データの受け手である我々が、データの罠に引っかからずにデータの良し悪しを見分けられるよう、大事なポイントをまとめて挙げておく。

まず、世論調査が常に客観的な手法で行われているとは限らないことを、しっかりと理解しておく必要がある。大新聞の世論調査であっても、一定の回答へ導こうとする誘導尋問や、特定の選択肢が上位にくるような恣意《しい》的な質問が時として見受けられるからである。

テレビ番組などで、回答者数の多さを誇示しているアンケート調査も気をつけなければならない。このような調査の多くが無作為抽出でなかったり、仮にそうであっても、回収率が低い可能性が高い。

インターネット調査の多くやテレゴングといったものは、特定の層を対象としていて、世論調査と同一視してはいけない。

無作為抽出で行えば、すべての人に聞かなくても一定の誤差があるという前提で、全体の傾向を推測することができる。誤差5％なら四〇〇程度、2％程度なら二五〇〇程度のサンプルで十分である。逆に、全住民にアンケートを行っても回収率が低ければ信憑性は低くなる。

だからといって、無作為抽出によって行った調査結果を寸分の狂いもないものととらえてはいけない。一定の誤差が前提となっているのであり、視聴率調査で0・1％の差に一喜一憂するのは無意味なことである。

プライバシー保護の高まりとともに調査の回答率は低下傾向にあるが、できれば60％、少なくとも50％は必要である。回答率が低ければ、それだけ調査結果は割り引いて考える必要がある。

国が実施している各種の統計調査も、データの癖をよく理解したうえで活用しないととんでもない失敗をしてしまうことがある。表面的な数値だけでなく、そのデータの定義や収集方法などもよく理解しておくことが必要である。

評価ブームともいうべき現象が起きているなか、地方自治体や大学、病院、さらには国のランキングまでもがさまざまな機関によって行われている。一般的には多数のデータを総合化して一つの指標を作成しているが、基本は平均と偏差値（標準化）である。だが、どのようなデータをどのくらい採用するか、単純平均とするか、メリハリをつけて加重平均とするかなどで評価する側の主観が入りうるだけに、調査によってはまったく異なった結果となることも少なくない。結果そのものだけでなく、手法や採用されたデータについても関心を持って、ランキングの妥当性をそれなりに判断すべきである。

イベントや企業誘致のたびに経済波及効果が発表されるが、それは一定の前提がすべて満たされて達成しうるものであり、バラ色の予測値になりがちである。また、プラスの部分ばかり数値化されて、マイナスの部分は必ずしもデータに盛り込まれていない。この点は各種事業に関する需要予測のデータも同様であり、要注意である。

日本人はとかく平均志向が強いようで、自分自身が平均値と異なると不安になりがちになるなど、平均値を理想値化する傾向がある。しかし、平均だけですべてを判断するのは禁物である。データの分布状況や他の統計指標も調べて、データの特徴を摑むことが大事である。

広告のなかには明らかに誇大広告としかいえないようなものもある。ウソではないが、まさにデータの罠ともいうべき点が多数含まれている。見かけのデータだけでなく、その中身についても吟味しなければ、痛い目にあうのは自分自身である。

データが示す姿は光の部分もあれば影の部分もある。そのどちらか一方だけを強調することは、分かりやすさという面はあるものの、徒《いたずら》に対立軸を先鋭化させたり、無用の混乱を生じさせる危険性がある。

これらをいちいち意識しているのは大変であるが、少なくともデータをやみくもに信じてしまう態度だけはとるべきでない。データの罠を見分ける力、すなわちデータリテラシーは、多くの人にとって必要なものではあるが、本来は、公平で客観的な報道に努めるべきメディアに携わる人間が、しっかりと備えていなければならない必須の条件である。

政治や行政、そして企業でも、自分たちにとって有利となるよう、政策を実現させる方向に世論を誘導すべく、データを駆使することが少なからずなされている。そのようなデータの罠を阻止すべく、本来であれば、マスコミ自身がデータの問題点を指摘すべきなのであるが、どうもそれらを鵜呑みにして報道してしまったり、場合によってはマスコミ自らが都合のいいデータ操作を行っていたりする。

マスコミが頼りにならないのであれば、我々一人一人が賢明な判断を下さなければならない。世論操作はもうこりごりだ。

本書がそのための一助になることを切に願うものである。

あとがき

この本が書店に並ぶころには、約五年半続いた小泉内閣は終わりを迎え、新たな首相が任命されているだろう。バブル経済の崩壊と長引く不況、相次ぐ政官財のスキャンダル、日本の評価が落ちるところまで落ちたときに登場したのが、小泉純一郎氏であった。従来型の政治家にない新鮮さを持ち、ワンフレーズで分かりやすく訴える点が人気を博し、その〝改革路線〟は国民の多くを虜《とりこ》にしたのであった。

しかしながら、最近になって、どうも改革の陰りを象徴するような出来事が相次いで起こっているのである。一連の耐震偽装問題はまさに耐震データの偽装そのものであり、建築士や建設会社、そしてコンサルタント会社などの法令遵守（コンプライアンス）に対する意識の低さがその根本にあった。また、九〇年代に行われた一連の建築規制の緩和が拍車をかけたという見方もされている。

ライブドアや村上ファンドの事件では、赤字を黒字と見せかけたり、インサイダー情報を駆使するなどして、企業価値を表す代表的なデータである株価を自分たちの都合の良い方向に操作したことも指摘されている。

もちろん、このような事件の有無にかかわらず、必要な改革は続けるべきであろうが、どうも、改革はなぜ必要なのか、メリット・デメリットはどんなことかといった点についてはあまり冷静に議論されず、フレーズだけが先行してしまった結果、さまざまな歪みが事件となって噴出しているように、私には思えるのである。

冷静な議論をするためには、できるだけ客観性の高いデータを揃える必要がある。そしてまた、データの信憑性、妥当性などを判断できるだけのいわば「データリテラシー」といった能力も国民一人一人に求められるだろう。

例えば、小泉内閣の初期の段階に国債の発行額を三〇兆円に抑えるという発言を首相本人がしたことがあるが、この場合も、なぜ三〇兆円なのかとか、抑えることでどのようなメリット・デメリットがあるかということは、ほとんど語られなかったように記憶している。数値目標の設定というのは分かりやすく、これもある意味ではワンフレーズの政策であろうが、なぜそのような目標を設定するのか、そして何を目指すのかといった点も分かりやすく説明してもらわないと、数値だけが一人歩きしてしまいがちである。

最近では、港区の住宅供給公社のマンションでの死亡事故がきっかけで、エレベーター事故が大きく取り上げられるようになった。二〇〇六年七月四日の「朝日新聞」(夕刊)では、シンドラー社の閉じ込め故障の発生頻度は大手五社の平均の約三倍と報じられている。これを聞けば、やはりシンドラー社のエレベーターは危ないと多くの人は考えるだろう。記事を詳細に読むと、これはエレベーターの台数と閉じ込め発生率(二〇〇四年)を比較していることが分かるが、単純に台数比較だけで結論を急ぐのは早計だろう。使用頻度や何階建てのビルに設置されているかなどを考慮しないと、正確な比較にはなりえない。三倍というデータが一人歩きしてしまいかねないのである。

ちなみに同社のエレベーターは、自治体などの公共施設への設置が目立つ。これは多くの場合、価格だけを指標とした競争入札で事業者を決めているからであるが、安全・安心面を考慮すれば、価格というたった一つのデータだけで優劣を決める方法はそろそろ改める必要がある。品質なども考慮した総合評価方式の入札方法を積極的に導入していかなければ、問題の解決にはほど遠いようにも思われる。

本書はできるだけ具体例を集めて、データにまつわる問題点・課題を明らかにしようとしたものである。序章にも書いたように、「まず結論ありき」で持論の正当性を主張する学者や政治家、評論家、マスコミがいかに多いか、ということがよく分かっていただけたのではないかと思われる。そのなかでも、公平中立な立場から報道を行うべきマスコミがあまりにもデータの罠に陥ってしまっている実態を、特に明らかにしたつもりである。

また、ワンフレーズで、そして分かりやすいデータで人々の心を摑むことは確かに有能な政治家の成せる業かもしれないが、データの裏側に潜む巧妙な罠に引っかからないよう、我々も気をつけなければならない。

この本は新書編集部の椛島良介さんの熱心なアドバイスと編集作業にささえられてきた。記して感謝する次第である。

二〇〇六年八月

田村　秀

参考資料

書籍・雑誌

浅井晃『調査の技術』（日科技連、一九八七年）
石弘光『大学はどこへ行く』（講談社現代新書、二〇〇二年）
大谷信介編著『これでいいのか市民意識調査―大阪府44市町村の実態が語る課題と展望』（ミネルヴァ書房、二〇〇二年）
ジョージ・ギャラップ著、二木宏二訳『ギャラップの世論調査入門』（みき書房、一九七六年）
鈴木義一郎『統計学で楽しむ』（講談社ブルーバックス、一九八五年）
鈴木義一郎『「比較」統計学のすすめ』（講談社ブルーバックス、一九七九年）
谷岡一郎『「社会調査」のウソ―リサーチ・リテラシーのすすめ』（文春新書、二〇〇〇年）
田村秀「データでみる徹底比較都道府県テーマ15都道府県ランキング」『地方財務』（一九九五年六月号）
田村秀「公共投資は誰のため」『地方財務』（一九九八年一〜九月号）
田村秀『市長の履歴書』（ぎょうせい、二〇〇三年）
田村秀「公共サービスの質的向上を目指して―NPMの光と影」『地域政策研究』（二〇〇三年第二五号）
田村秀『政策形成の基礎知識』（第一法規、二〇〇四年）
東京大学教養学部統計学教室編『人文・社会科学の統計学』（東京大学出版会、一九九四年）

中村圭介「多すぎるのか、それとも効率的か―日本の公務員」『日本労働研究雑誌』（二〇〇四年四月号）
森田優三『新統計概論』（日本評論社、一九七四年）
山田治徳『政策評価の技法』（日本評論社、二〇〇〇年）
労働政策研究・研修機構『労働政策研究報告書№17　インターネット調査は社会調査に利用できるか―実験調査による検証結果』（二〇〇五年）

ホームページ
ＥＴＳ（Educational Testing Service）
厚生労働省
国税庁
国土交通省
財団法人国際ビジネスコミュニケーション協会ＴＯＥＩＣ運営委員会
ＧＦＯＡ（Government Finance Officers Association）
社団法人日本能率協会
総務省

田村 秀（たむら しげる）
一九六二年生まれ。東京大学工学部卒業。自治省入省、香川県企画調整課長、三重県財政課長を経て、新潟大学大学院実務法学研究科助教授。著書に『市長の履歴書』『道州制・連邦制』（以上ぎょうせい）、『自治体変革の現実と政策』（共著、中央法規出版）、『クイズ現代かがわの基礎知識』（美巧社）、『政策形成の基礎知識』（第一法規）など。

データの罠《わな》 世《せ》論《ろん》はこうしてつくられる

集英社新書〇三六〇B

二〇〇六年九月二〇日 第一刷発行
二〇一七年六月一三日 第九刷発行

著者……田村《たむら》 秀《しげる》
発行者……茨木政彦
発行所……株式会社集英社
東京都千代田区一ツ橋二-五-一〇 郵便番号一〇一-八〇五〇
電話 〇三-三二三〇-六三九一（編集部）
〇三-三二三〇-六〇八〇（読者係）
〇三-三二三〇-六三九三（販売部）書店専用

装幀……原 研哉
印刷所……大日本印刷株式会社 凸版印刷株式会社
製本所……加藤製本株式会社

定価はカバーに表示してあります。

ISBN 978-4-08-720360-8 C0236
Printed in Japan

a pilot of wisdom

集英社新書　好評既刊

あなたの隣の放射能汚染ゴミ
まさのあつこ　0871-B

原発事故で生じた放射性廃棄物が、公共事業で全国の道路の下に埋められる!?　国が描く再利用の道筋とは。

シリーズ〈本と日本史〉④　宣教師と『太平記』
神田千里　0872-D

宣教師も読んだ戦国のベストセラー、『太平記』。その人気の根源を探ることで当時の人々の生き様に迫る。

地方議会を再生する
相川俊英　0873-A

財政破綻寸前に陥った長野県飯綱町が、議会改革を行い、再生を果たすまでのプロセスを綴るドキュメント。

ビッグデータの支配とプライバシー危機
宮下　紘　0874-A

個人情報や購買履歴などの蓄積によるビッグデータ社会の本当の恐ろしさを、多数の事例を交え紹介する。

受験学力
和田秀樹　0875-E

二〇二〇年度から変わる大学入試。この改革に反対し「従来型の学力」こそむしろ必要と語るその真意は？

スノーデン　日本への警告
エドワード・スノーデン／青木　理／井桁大介／金昌浩／ベン・ワイズナー／マリコ・ヒロセ／宮下　紘　0876-A

権力による国民監視はここまできている。その実態と危険性をスノーデン氏はじめ日米の識者が明快に解説。

マンションは日本人を幸せにするか
榊　淳司　0877-B

この道三〇年の専門家が日本人とマンションの歴史を検証し、人を幸せに導く住まいのあり方を探る。

「天皇機関説」事件
山崎雅弘　0878-D

天皇機関説を唱えた学者が排撃され、その後、日本は戦争の道へ。歴史の分岐点となった事件の真相に迫る。

列島縦断「幻の名城」を訪ねて
山名美和子　0879-D

今は遺構のみの城址を歩き、歴史に思いをはせる。観光用の城にはない味わいのある全国の名城四八選。

大予言「歴史の尺度」が示す未来
吉見俊哉　0880-D

歴史は二五年ごとに変化してきた。この尺度を拡張して時代を捉え直せば、今後の世界の道筋が見えてくる。